我国天然气储备能力建设政策研究

政策研究

陈守海　罗　彬　姚珉芳 ◎ 编著

中国法制出版社

CHINA LEGAL PUBLISHING HOUSE

前　言

过去十年,我国天然气市场发展迅速,天然气生产年均增长 12%,天然气消费年均增长 16%,对外依赖程度不断提高。截至 2016 年年底,我国大陆天然气消费量为 $2040 \times 10^8 \mathrm{m}^3$,我国地下储气库储气能力为 $60 \times 10^8 \mathrm{m}^3$,约为当年天然气消费量的 3%,而美国地下储气库储气能力为当年天然气消费量的 20%。除了天然气储备总量不足,我国天然气储备建设还存在地区分布不合理、缺乏独立运营机制和盈利能力等问题,不能满足天然气市场需求,影响我国天然气供应和经济安全、社会稳定。

天然气储备的主要作用是调节用气峰谷差,防止因意外事件造成的供气中断,同时也有利于节省上游生产投资、提高管道运输系统的利用效率、增加下游企业用气的灵活性。国外经验表明,在市场机制引导和适当的商业模式下,储备天然气有可能实现盈利,吸引企业积极投资。天然气战略储备的重要性在于对国家能源、经济安全的战略意义,但是战略储备和商业储备很难严格区分。如果没有足够的商业储备,国家战略储备一样要用于商业调峰、应急;如果建立起足够量的商业储备,同样具有战略保障作用。世界上绝大多数国家都不直接投资建设天然气储备,而是通过各种政策措施促使和鼓励企业储备天然气。

我国天然气储备建设滞后,主要是由于存在以下几个方面的问题:(1)保供责任不明确。城市燃气经营企业对最终用户负有安全供气的义务,但没有明确的供气标准和法律责任;上游企业拥有供气规模、建库资源和资金技术优势,对下游企业负有保供义务,但同样缺乏相应的责任追究机制。(2)价格机制不合理。天然气价格无论"成本加成"还是"市场净回值",都是单一价格;管输价格包含储气费用,并且没有"两部制";调峰成本被分摊到所有气量的价格中,没有调峰气价,储备天然气没有价值空间。(3)储气库建设资源条件差。天然气消费市场所在地中东部地区油气藏型储气库资源较少,地质构造复杂,盐矿、含水层等地质条件较多,但勘探程度较低,需要加大普查筛选力度。(4)储气库建造技术亟待突破。我国储气库建设起步较晚,目前利用气藏改建地下储气库的技术基本成熟,但在油藏改建储气库、盐穴储气库和含水层储气库建造技术方面,还需要进一步探索研究,取得新的突破。

天然气储备能力建设促进政策的制定,应当遵循市场经济的规律,充分发挥市场在资源配置中的决定作用。总结市场发达国家和我国城市天然气储备建设的经验,基于政府引导、企业实施、外有压力、内有动力、技术可行、经济合理的原则,我们建议从以下几个方面制定鼓励天然气储备设施建设的政策。

第一,明确保供责任,培育储气市场。企业是追求利润的组织,只要有用户愿意为储气服务支付费用,并且该收费足以收回投资并获得适当利润,企业就会有投资建设储气设施的积极性。天然气储备的目的是保障供气安全,只要明确了保供责任,承担保供责任的企业自然就成为储气设施的用户。下游企业最接近终端用户,了解其用气规律和调峰、应急需求,应当首先确定下游企业对用户承担保供责任。上游企业根据天然气销售、运输合同的规定,对下游企业保障供气责任。为了防止上游企业滥用市场垄断地位,政府应当规范供气合同,积极推动供气主体多元化。

第二,理顺价格机制,体现储气价值。"上有政策,下有对策",仅仅通过责任机制迫使企业建设天然气储备或者储气设施,必然遭到企业各种理由的抵制,最终损害供气安全。引导企业投资建设储气设施的根本途径是理顺天然气价格机制,体现储气价值,创新储气设施运营商业模式,使储气库建设和天然气储备有利可图,为储气设施建设提供内在动力。理顺价格机制,一是天然气交易实行市场定价；二是管道运输真正落实"两部制"价格，体现管输成本的合理分担；三是"运""储"分离，把储气费从管道运输费中剥离，储气服务实行市场定价。

第三，实行财政补贴，政府主动分担部分储气设施建设成本。储气库项目建设投资金额大，回收周期长，如果完全依赖价格机制回收，市场风险较大，可能给下游企业造成沉重的气价压力。建议各级政府根据储气库的类型和已有的储气能力，给予储气库项目一定比例的财政补贴。按照 2030 年前建成 $1400 \times 10^8 \mathrm{m}^3$ 储气能力测算，如果财政补贴幅度为储气库建设平均成本的 25%，年均补贴规模约为 65 亿元；如果把补贴幅度提高到35%，年均补贴规模约为 92 亿元。小型储气设施单位储气能力建设运营成本较高，地方政府可以在中央补贴的基础上根据情况给予一定比例的地方补贴。

第四，降低企业税收负担，激励企业加大投资储气库建设。税收减免政策的目的是降低储气库建设过程中的税收负担，提高储气库建设运营的盈利预期，激励企业投资储气库建设。建议在储气库项目建设阶段，实行增值税"先退后征"，退还进项税额中的中央享有部分（75%），将来按照销项税额征收增值税时不再抵扣。在储气库项目运营阶段，根据企业自愿，可以把储气库作为自用设施，也可以申请作为公共基础设施项目，依法享受"三免三减"企业所得税优惠。

第五,提供信息服务,引导企业正确决策。企业投资建设储气设施需要多方面的信息,包括天然气市场规模、调峰和应急需求、是否多气源、管道走向和输送能力、管输价格、已建储气能力等。政府可以通过制定和公布行业发展规划、定期发布行业发展报告等形式为企业提供信息支持。建议能源行业主管部门成立类似美国能源信息署的能源情报机构,在网络上及时公开相关信息,帮助能源企业和相关机构正确决策,引导包括天然气在内的整个能源行业健康发展。政府通过信息引导,企业自主决策、投资并承担市场风险,让市场在资源配置中发挥决定作用,符合十八届三中全会决议的精神,也符合建设服务型政府的理念和要求。

第六,鼓励合作建库,创新商业模式。一方面,适合建设储气库的枯竭油气藏、地下盐矿等建库资源绝大部分掌握在石油公司和盐业公司手中,而需要储气能力的管道运营企业、城市燃气经营企业缺少建库资源;另一方面,我国天然气储备建设正处于起步阶段,绝大部分天然气企业都缺少储气设施建设和运营经验,而市场发达国家的储气库建设运营已经有上百年的历史,拥有比较成熟的建库技术和丰富的管理经验。鼓励储气库建设中对内对外合作,可以充分调动建造储气库所必须的地质构造、资金、技术、储气市场等资源条件，探索新的商业模式，增强我国企业投资储气库建设的信心，促进储气设施建设。

本书最后还分析了储气库建设政策之间的相互关系和促进储气能力建设的政策路径。

本书是在国家能源局委托课题研究成果的基础上编写的，国家能源局、上海申能集团和中国石油大学（北京）的领导给予了大力支持，北京燃气集团、深圳燃气集团等多家单位提供了宝贵的意见和建议，我的同事吕鹏博士也为课题研究做了大量工作。在此一并表示感谢！

天然气储备在我国还刚刚起步，有政策的支持引导，市场将以更好的配置资源，满足用户、政府和企业等各相关方的利益诉求。由于作者能力有限，书中必然存在一些这样那样的不妥之处。我们真诚地欢迎来自社会各界的批评和真知灼见，以使本书进一步完善，共同为中国的天然气储备事业尽一份绵薄之力。

陈守海

2017 年 8 月 于北京昌平

目　录

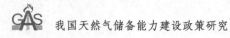

第一章

天然气储备概述

第一节　研究背景和研究范围

一、研究背景

2000 年以后，随着西气东输、川气东送、海气登陆等一系列天然气输送管道、LNG 接收站的建成，我国大陆地区天然气工业进入快速发展阶段，天然气生产量和消费量增长迅速。天然气生产量从 2000 年的 $272 \times 10^8 m^3$ 增加到 2016 年的 $1378 \times 10^8 m^3$，另外天然气进口量 $733 \times 10^8 m^3$，天然气对外依存度达到 36%。天然气消费量从 2000 年的 $245 \times 10^8 m^3$ 增加到 2016 年的 $2040 \times 10^8 m^3$。2017 年 1 月，国务院发布《能源发展"十三五"规划》，提出到 2020 年要把全国能源消费总量控制在 50 亿吨标准煤以内，把天然气占一次能源消费的比重提高到 10%。在 2016 年，我国大陆地区能源消费总量为 43.6 亿吨标准煤，其中天然气占一次能源消费的比重为 6.2%。根据测算，从 2010 年起的未来 20 年，如果我国国民生产总值翻两番，能源消费翻一番，单位 GDP 能源强度降低 50%，天然气在一次能源消费结构中所占比例达到目前世界平均水平的一半（12%），届时我国天然气年消费量将达到 $5340 \times 10^8 m^3$。

由于天然气生产、供应和消费在时间上不可能同步，建设天然气储备是保障供气安全、提高行业运营效率的有效方式。截至 2012 年年底，美国共拥有 414 座地下储气库，总库容超过 $2500 \times 10^8 m^3$，工作气量 $1280 \times 10^8 m^3$，占美国当年天然气消费量（$7220 \times 10^8 m^3$）的 17.75%。日本天然气储备形式主要是 LNG（液化天然气），其储备量可满足 80 天消费。欧盟天然气储备量约为其年消费量的 15%。中国国际工程咨询公司 2012 年提交的咨询专报指出，当时我国天然气储备比例仅为 2%。"西气东输"要求配套建设 3 座地下储气库，到 2010 年建成 $20 \times 10^8 m^3$ 储气能力，实际仅建成 $1.9 \times 10^8 m^3$。2009 年年底，全国多个城市发生"气荒"，杭州、武汉、西安、重庆等城市发生供气紧张。2012 年冬季，虽然采取了多种保供措施，由于寒冬持续时间较长，华东、华北、华中地区天然气供应仍然紧张，河北、山东、湖南、湖北、江苏多个省市出现供气缺口，部分地区采取了工业企业和加气站限气措施，西南、西北地区也有少数地方限制加气站加气，这些措施带来一定的社会负面影响与经济损失。随着天然气消费量的快速增长，对外依存度不断提高，我国天然气储备设施建设不足的问题将更加突出，严重影响我国天然气供应和经济安全、社会稳定。

建设天然气储备以保证供气安全，已经上升为重大的经济问题、社会问题，党中央、国务院领导对供气安全和天然气储备建设高度重视，指示要求"发改委要重视研究此问题""要加快天然气储备库建设，并着手建立长远保障机制""发改委、能源局要掌握当前天然气供应状况，并采取必要的保障供应措施，同时统筹研究适应我国天然气保供的机制与相关政策"。

二、研究范围

天然气储备的课题研究范围包含很广。本书主要是结合实际案例，研究天然气储备在保障供气、国家能源安全和提高天然气行业效率、促进天然气产业发展中的作用，重点阐明天然气储备对天然气上中下游企业的经济意义；研究各种天然气储备设施的技术经济特征，包括储备设施的建设条件、建设和运营成本，以及各种储气设施在保障供气安全和调峰方面的优缺点；对中国天然气储备设施建设的需求进行评估，调查天然气储备设施建设现状，研究现有天然气储备设施的商业模式，发现阻碍天然气基础设施建设发展的技术、经济和政策障碍；研究欧洲和美国天然气储备设施建设发展的历史，分析欧美在什么样的历史条件和政策环境下使天然气储备设施得到快速发展，并在上述研究的基础上提出我国鼓励天然气储备能力建设的政策建议。

第二节　研究现状

一、《我国应加快天然气储备建设》

中国国际工程咨询公司（以下简称中咨公司）2012 年 2 月向国家能源局提交咨询专报《我国应加快天然气储备建设》，提出天然气储备是保障供气安全的必要条件，储备滞后是导致"气荒"频发的重要原因，天然气储备建设需较长周期，宜及早启动。中咨公司建议，2015 年天然气储备应达到 $280 \times 10^8 \mathrm{m}^3$，占消费量的 10% 左右，由三部分构成：以国家储备为基本保障，力争 2015 年建成 $30 \times 10^8 \mathrm{m}^3$ 储备能力；以商业储备为主体，力争 2015 年储备能力达到 $230 \times 10^8 \mathrm{m}^3$；以城市应急储备为补充，2015 年建成 $20 \times 10^8 \mathrm{m}^3$。中咨公司提出的支持天然气储备建设的政策建议包括：第一，实施差异化的储备支持政策，参照原油储备模式建设国家天然气储备，对天然气公司建设储气设施按照一定比例注入资本金，中央、地方政府和城市燃气经营企业按不同比例出资建设城市应急储备；第二，理顺储气、用气价格形成机制，鼓励多元投资建设，引导天然气合理消费；第三，制定完善的法律法规，明确天然气运营企业储备建设、应急和调峰义务，实施天然气基础设施第三方准入政策，实现天然气管网、LNG接收站、储气设施的"互联互通、公平共享"。

二、《国外天然气储备建设的经验及对我国的启示》

中国石油经济技术研究院徐博撰写的研究报告《国外天然气储备建设的经验及对我国的启示》，详细介绍了美国、俄罗斯、英国、意大利、法国等国家的天然气储备建设情况，把这些国家天然气储备建设的经验总结为：第一，为应对季节调峰和日调峰，储气库建设在天然气工业发展的初期就启动了，并随着消费量扩大而逐步发展；第二，较早启动天然气战略储备为进口依存度较大的国家，近年来，天然气战略储备建设也得到了部分天然气生产出口国的重视；第三，储备方式以地下储气库或气田储备为主，其他方式为补充；第四，天然气储备的运营管理实施公司化模式是一般情况；第五，天然气储备的法规建设，主要体现在对储气库以及LNG储存设施建设的土地许可、技术许可、环境安全许可等方面。作者认为，加快我国的天然气储备建设必须从以下几个方面着手：一是采取多种方式增加天然气储备的规模；二是建设适合我国储备发展的管理方式和运营机制；三是重视天然气储备技术的研究开发；四是重视我国天然气储备的政策法规建设。

三、《国家 LNG 储备调峰研究》

中海油气电集团 2010 年《国家 LNG 储备调峰研究》报告认为，"气荒"的原因在于天然气供需不平衡，需求量大于供应量，储气和调峰设施建设滞后于市场发展，天然气长远保障机制和政策缺乏或不配套，缺乏储备义务责任强制性规定和配套措施。该报告提出，根据我国冬季最低气温和平均气温分布情况，结合我国地下储气库地址条件分布和 LNG 产业布局情况，可将我国分成三个调峰大区：冬季 12 月~次年 1 月份平均气温在 7℃ 以上，最低气温在 0℃~10℃ 之间区域，主要包括海南、广东、广西、福建、云南，命名为南部区域；冬季 12 月~次年 1 月份平均气温在 0℃~7℃，最低气温在 −10℃~0℃ 之间区域，包括长三角、江西、安徽、两湖地区、河南、陕西、四川、贵州，命名为中部区域；冬季 12 月~次年 1 月份平均气温在 0℃ 以下，最低气温在 −10℃ 以下区域，主要包括东北、西北、华北、山东，命名为北部区域。该报告还提出，可以借鉴欧盟管制经验，引入管网系统运营商的概念，由中石油负责北部和川陕、中石化负责两湖及江西、中海油负责南部和长三角区域，成为上述地区的系统运营机构，统一规划、建设、运营管网系统（含储气设施和再气化设施），针对性地提出不同区域的调峰解决方案。

四、《中国天然气基础设施建设与运营立法研究》

中国石油大学 2012 年《中国天然气基础设施建设与运营立法研究》提出了天然气储备成本转移问题。该报告认为，中国天然气储备建设进度迟缓的根本原因在于成本转移通道不畅。由于天然气储备设施建设投资巨大，而天然气销售价格受到国家严格管制，成本难以回收，储气价值不能得到体现。在法律对保供责任没有明确规定的情况下，天然气供应商和城镇燃气经营企业既没有动力也没有压力建设天然气储备。即使通过立法规定供气商和城镇燃气经营企业的储备义务，强制要求建立天然气储备，供气商和城镇燃气经营企业也会设法抵制，逃避储备义务。该报告提出，天然气储备活动本身可以创造价值，如果能够理顺中国天然气市场机制，使天然气储备成为有利可图的市场行为，将更有利于调动生产商、管道运营企业、城镇燃气经营企业、独立供气商和大用户的储气积极性，快速建立规模适当的天然气储备，保证供气安全，同时减轻监管部门的监管负担和国家财政负担。

第三节　全书结构

全书共八章，除第一章概述外，其他七章主要内容为：

第二章是天然气储备的作用，基于天然气产业链的划分和对中国天然气产业结构的分析，讨论天然气储备对于保障供气安全、提高企业效益和运营效率的作用。中国天然气市场结构是上游寡头垄断、中游自然垄断、下游区域垄断，要促进中国天然气储备设施建设，关键在于使这些垄断经营者有建设天然气储备的动力和压力。天然气储备在学术上被划分为商业储备和战略储备，但实践中很难作严格区分。现在世界上建立天然气储备的国家，储备形式基本上都是商业储备。天然气储备不仅可以用于调峰和在发生意外事件时保障供气安全，在适当的市场机制引导下，还可以为储备企业创造经济效益，提高企业运营效率。

第三章是天然气储备设施的类型和特征，介绍了各类储气设施的技术特征和经济特征，以及不同类型储气设施的调峰和保障作用，为提出有针对性的鼓励政策和措施提供基础。重点讨论了两种天然气储备设施：一是地下储气库，包括枯竭油气田储气库、含水岩层储气库和盐穴储气库；二是 LNG 储罐，包括在 LNG 接收站建设的巨型储罐，在不具备建设地下储气库条件的城镇周边建设的中小型储罐等。

第四章是我国天然气储备建设的现状和问题。首先，从三个方面介绍我国天然气储备建设的现状：一是我国天然气储备需求，二是我国天然气储备设施建设现状，三是我国天然气储备设施的运营情况。目的是了解我国天然气储备设施建设现实和需求之间存在的差距。其次，通过与市场发达国家的对比简要分析我国天然气储备需求，通过调查问卷、企业调研、专家座谈等方式了解我国天然气储备设施建设运营情况，发现阻碍天然气储备设施建设的问题，主要包括资源条件方面的问题、建造技术方面的问题和行业政策方面的问题。

第五章是我国城市天然气储备建设实践经验。北京、上海、深圳、香港都是用气规模较大的特大型城市，但地理纬度、供气来源、用气结构、保供需求、储气条件不同，其天然气储备建设和保供方式具有典型性。该部分分别介绍了这四个城市的天然气供应情况和用气特点、天然气储备建设的经验和遇到的问题，以及在天然气储备建设方面希望政府能够给予的政策支持。

第六章是国外天然气储备设施建设的政策环境分析和借鉴，介绍世界上几个典型地区国家的天然气储备设施建设情况、发展过程和运营模式，并对其天然气储备设施发展的政策环境进行分析，借鉴其有益经验。这些国家和地区包括天然气储备最发达的美国，天然气供应严重依赖进口的欧盟，天然气供应完全依赖进口的日本和韩国，以及实行天然气垄断经营、世界上最大的天然气出口国俄罗斯。

第七章在前文分析借鉴的基础上，提出了鼓励我国天然气储备能力建设的政策建议，包括：严格上中下游企业的保供责任，培育储气市场；理顺天然气价格，体现储气价值；实行财政补贴，鼓励储气设施建设；实行税收减免，提高储气设施赢利能力；提供信息服务，引导企业正确决策；鼓励对内对外合作，盘活建库资源，创新商业模式。

第八章是天然气储备能力建设政策路径分析，提出天然气储备能力建设相关政策措施不是彼此孤立存在的，而是构成一个相互关联的系统，单一政策措施很难实现促进储气能力建设的政策目标；建立了天然气储备能力建设政策系统模型，分析了各项政策措施在促进天然气储备能力建设中的地位和相互关系，揭示了实现天然气储备能力建设目标的政策路径。

第二章

天然气储备的作用

天然气储备是通过建设地下储气库、LNG储罐、高压气罐等方式，在用气低谷和天然气供应较为富余时期把富余的天然气储存起来，用于满足用气高峰时期或者天然气供应意外中断时的需求。天然气储备的作用是保障天然气产业链的正常、高效运转，包括调节用气峰谷差、应对天然气供应意外中断和作为战略储备，提升天然气行业运营效率和企业经营效益。

第一节　天然气产业链

天然气产业的运转犹如一个链条，从天然气生产、进口到天然气运输储存、销售使用，每个环节都依赖其他环节的存在而存在、其他环节的运转而运转，这些环节共同构成天然气产业链。习惯上，把天然气从生产到使用的产业过程看作是一个"流"，分为上游、中游和下游（见图2-1）。

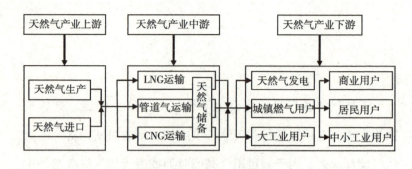

图 2 - 1 天然气产业结构

天然气产业上游是"源",是提供天然气来源的环节,包括生产和进口。天然气生产包括常规天然气和非常规天然气的勘探、开发、矿场集输和处理加工,以及煤制天然气的生产;天然气进口包括管道气进口和 LNG 进口。天然气产业中游是"流",是把上游生产、进口的天然气输送到城镇和工业用户的环节,截止到城市门站(配气站),通常包括为了提高输送系统运营效率、保障供气安全而进行的天然气储备业务。随着技术的进步,现在已经改变了天然气管道运输这一单一输送模式,发展了液化天然气(LNG)、压缩气(CNG)的船、车运输等运输方式。天然气产业下游是"用",包括居民生活用气、交通运输用气、工业用气和发电用气等,但"下游"概念常常是指城镇燃气经营企业利用压力相对较低的城市燃气配送管网把天然气输送到最终用户。

第二节　保障天然气供应安全

一、供气安全的重要性上升

据中国石油经济技术研究院《2016 年国内外油气行业发展报告》，2016 年我国大陆地区一次能源消费总量达到 30.5 亿吨油当量，比上年增长 1.4%，占世界一次能源消费总量的 23.7%，为世界能源消费第一大国。然而受资源条件的限制，我国能源消费结构一直以煤炭为主。在 2016 年我国一次能源消费结构中煤炭消费占 62.4%，比上一年度下降 2%；天然气消费占 6.2%，而世界平均水平为 23.7%。我国以煤为主的能源消费结构不仅排放了大量的二氧化碳等温室气体，也使我国在国际气候变化谈判中备受压力，而且因大量生产和燃烧煤炭，我国的水资源被消耗或污染，煤矸石堆积占用和污染了大量土地，酸雨影响面积超过 120 万平方公里，造成严重的雾霾等环境问题。

在国内生态环境和国际上应对气候变化的双重压力下，我国政府在控制能源消费总量的同时，努力改善能源消费结构。2013 年 1 月国务院印发的《能源发展"十二五"规划》提出了优化我国能源消费结构的多种措施，其中提高天然气在一次能源消费结构中的比重是能源结构优化的重要指标。根据规划，到 2015 年，能源消费总量控制在 40 亿吨标准煤，天然气占一次能源消费的比重要达到 7.5%，与此同时把煤炭占一次能源消费的比重降到 65% 以下。在 2014 年 4 月，《国务院办公厅转发国家发展改革委关于建立保障天然气稳定供应长效机制若干意见的通知》（国办发〔2014〕16 号）一文中，提出到 2020 年天然气供应能力达到 $4000 \times 10^8 m^3$，力争达到 $4200 \times 10^8 m^3$。2017 年 1 月国务院印发的《能源发展"十三五"规划》提出，到 2020 年把能源消费总量控制在 50 亿吨标准煤以内，天然气消费比重力争达到 10%，煤炭消费比重降低到 58% 以下。随着天然气消费量和天然气消费在能源消费结构中所占比例的不断上升，供气安全对于我国能源安全、经济安全和社会稳定的重要性也不断提高。

所谓供气安全，就是天然气以可接受的价格持续、稳定供应。如果供气面临被中断的危险，就是供气不安全。天然气储备对供气安全的作用体现在调峰和应急两个方面。

二、天然气储备的调峰作用

天然气生产、运输要求平稳、连续，才能实现生产运输设施的充分利用，实现经济效益的最大化。而天然气消费量随时间波动，具有不均衡性，包括月（季节）不均衡性、日不均衡性、小时不均衡性。因人们的生活方式和规律，小时和日不均衡性取决于人们工作和休息时间。一天之中，由于大量天然气用于做饭、采暖，通常在下午 6 点~8 点达到用气高峰，上午 9 点~10 点为用气低谷。月（季节）不均衡性主要是由于气温的季节性变化引起的，由于使用天然气取暖，通常冬天用气量较高，夏天用气量较低。随着越来越多的天然气用于发电，夏季空调用电需求引起天然气消费量的上升，不需要天然气取暖的地区可能面临夏季用气高峰。

工业用气较为均衡，天然气调峰需求主要来自城市燃气，包括居民生活用气和商业用气，以及城市集中供暖。在我国天然气消费结构中，城市燃气所占比例较高，增速较快。据中石油经济技术研究院估计，2016 年我国城市燃气消费量819 × $10^8 m^3$，比上年增长 15.1%，占年度天然气消费总量的41%；发电用气 349 × $10^8 m^3$，比上年增长 7.9%，所占比重为17.4%；工业燃料用气 577 × $10^8 m^3$，年增 1.8%，所占比重为28.9%；化工用气 255 × $10^8 m^3$，同比下降 8.1%（见图 2 - 2）。城市燃气消费量和所占比例的提高，对天然气调峰提出了更高要求。

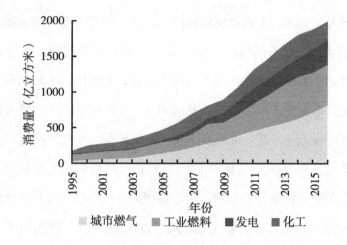

图 2 - 2   1995 年 ~ 2016 年部门天然气消费量

我国地理区域广阔,从高纬度地区到低纬度地区跨度大,各地的用气特点和调峰需求也不一样。2012 年,北京地区最高日消费天然气量达 $6466 \times 10^4 m^3$,最低日消费量只有 $483 \times 10^4 m^3$,峰谷比值达 13.4,而上海市的这一比值只有 2.5,广东省的峰谷日用气量之比为 3.84。调节用气峰谷差的方式有很多,如上游企业保留剩余产能、中游企业扩大管道运输能力、下游企业发展可中断用户等,高压管道末端储气也能用于小时调峰,但天然气产业发展实践经验表明,调节用气峰谷差的最经济方式还是靠近消费市场建立储气设施,包括地下储气库、LNG 储罐、高压气罐等,在用气低谷时储存天然气,在用气高峰时释放储备满足需求。世界上主要的天然气消费国都根据本国的资源特点建立了相当规模的天然气储备。

三、天然气储备的应急作用

天然气储备的应急作用是指在天然气消费中心地区储备天然气，在因意外事件造成天然气供应中断时，通过释放储备保障天然气供应。

在天然气市场启动阶段，天然气通常用作发电燃料和工业原料，以便迅速扩大市场规模。随着市场开发的深入，越来越多的天然气进入家庭用于做饭、烧水、取暖、制冷等，成为现代城镇居民生活的必需品。天然气产地通常远离消费中心，通过长输管道或者 LNG 运输船输送到消费地，然后由当地的配送企业通过配送管网输送到千家万户。由于天然气不易储存的特点，如果管道损坏、恶劣天气、自然灾害等原因造成天然气输送中断，必然严重影响居民生活，造成巨大的经济损失和社会恐慌。1998 年 9 月，澳大利亚的一个天然气厂发生爆炸事故，造成墨尔本供气中断 19 天，影响了 140 万家庭和 9 万商业用户，工商业损失达 13 亿澳元。2007 年 8 月 6 日，一条从保加利亚过境向希腊输送俄罗斯天然气的主输气管道发生爆炸，导致向希腊供气临时中断。2009 年 4 月 1 日，摩尔多瓦共和国境内的蒂拉斯波尔市附近的天然气管道出现故障，俄罗斯暂时中断对巴尔干半岛消费国供气。2011 年 4 月 27 日，埃及西奈半岛北部一处天然气管道遭到恐怖袭击爆炸并起火，致使对以色列、约旦和叙利亚的天然气供应中断。

除了自然灾害、意外事件、恐怖袭击等造成天然气输送临时中断外，战争、外交纠纷等可能造成天然气供应较长时期的中断，比较典型的案例是俄罗斯和乌克兰之间的"斗气"。乌克兰是俄罗斯向欧盟国家供应天然气的过境国，欧盟国家消费的天然气有 1/4 来自俄罗斯，而俄罗斯向欧盟国家供应的天然气有 80% 过境乌克兰。俄乌互为盟国时，俄罗斯以远低于市场价的价格向乌克兰供应天然气，乌克兰 2005 年从俄罗斯购气的价格仅为 50 美元/$10^3 m^3$。由于乌克兰"橙色革命"后政治上倾向西方，俄罗斯提出乌克兰 2006 年应按照 230 美元/$10^3 m^3$ 的市场价格购买天然气，并于 2006 年 1 月 1 日完全切断了供乌克兰国内使用的天然气。虽然这次"断气"仅仅持续了三天，双方就达成了供气协议，但此后几乎每年年初双方都会发生"天然气大战"。2014 年克里米亚半岛并入俄罗斯之后，俄罗斯向乌克兰供气的要价达到 485 美元/$10^3 m^3$。虽然天然气储备不能解决乌克兰和欧盟对俄罗斯天然气供应的依赖，但乌克兰境内储气库 $300 \times 10^8 m^3$ 的天然气储备和欧盟国家大量的天然气储备，对于保障供气、争取谈判时间起到了作用。

第三节 提高天然气企业运营效率和经济效益

天然气储备的主要作用是保障供气安全，但是保障供气安全和提高天然气企业运营效率、经济效益并不冲突。在市场机制调节下，天然气储备在提高天然气生产、运输、使用设施运营效率的同时，储气企业也可以通过储备天然气获得收益。

一、上游供气企业的储备

在中国，常规天然气的勘探开发实行国家石油公司垄断经营，生产天然气的国家石油公司通过自己的管道把天然气输送给下游用户，并不严格区分生产企业储备和管道运输企业储备；非常规天然气勘查开采虽然已经开放，但生产规模十分有限，在供气总量中所占比例微乎其微，非常规天然气生产企业也尚未开始建立专门的储备。

美国由于实行矿权私有制，上游企业千家万户，这些企业有全球领先的大石油公司，也有只有一两个员工几口井的微型生产商。美国天然气市场发展的早期，上游企业生产的天然气由管道公司统一收购，然后捆绑销售给下游用户，储气库通常是天然气输送系统的组成部分。1985 年，美国联邦能源监管委员会颁布 436 号法令，实行管网系统第三方公平准入，允许下游用户直接向生产商购买天然气并通过州际管网运输；1992年，联邦能源监管委员会又颁布 636 号法令，分拆管道公司的天然气输送和销售业务。现在，美国放开井口价格而严格管制管输价格，形成天然气生产商、经销商、下游用户之间活跃的天然气市场，天然气上游生产企业可以把生产的天然气直接卖给下游用户，也可以卖给天然气经销商。

在没有其他调节方式的情况下，上游生产企业为了满足下游用户的高峰用气需求，就必须维持较高的产能，并在需求不足时关闭部分产能。从广义上来说，这种预留产能的方式也是一种储备。但是，预留产能的调节方式非常昂贵，建设 $300 \times 10^4\,\mathrm{m}^3/\mathrm{d}$ 天然气产能的成本远远高于同等最大日抽采量的地下储气库。天然气勘探开发需要投入大量资金，天然气生产企业通过生产和销售天然气收回投资。如果已经发现和建成的天然气田不投入生产，必然严重影响天然气生产企业的经济效益。而且，并非所有的气田都可以通过调节产量的方式用作储备。由于地质条件的原因，有些气井停止生产后可能很难再重新投入生产。

天然气生产企业建设天然气储备，既能够满足下游波动的消费需求，又可以维持上游的平稳生产，有利于提高生产企业的经济效益。中石油的资料表明，当气井按配产均衡生产时，气田采气井压缩机总数可减少 15%。法国 SUEZ 公司认为，考虑到浮动供气的成本，储气库可以通过避免地面设施和钻井方面的投资节约天然气生产成本至 80%。天然气储备还有助于储层管理的整体优化，加强储层恢复，防止气藏漏失（根据储层条件不同，漏失率在 10% ~ 15%）。20 世纪 90 年代，荷兰建成了两个地下储气库，以延缓 Groningen 天然气开发的自然压力衰竭（从 347 帕降至 130 帕），并将气田寿命延长 50 年。利用枯竭油气田建设地下储气库是最经济的一种储气方式，生产企业具有天然优势，可以通过废弃资源的再利用为企业增加经济效益甚至实现企业再生。

以下是一个上游企业的储气库案例。

枯竭油气藏改建天然气储备库

某天然气藏从 20 世纪 90 年代初正式投入开发，经过十多年的开采，到 2009 年年底，累计产气 $6.5 \times 10^8 m^3$，地质储量采出程度为 69.4%，可采储量采出程度为 89.5%。该气藏已经枯竭，日产气能力仅 $1 \times 10^4 m^3$，然而该气藏具有构造简单，断层、盖层封闭性强，砂体连通性好，储层物性好等特征，能够提供满足调峰需求的气量，被选择建设为输气管道配套储气库。该储气库设计有效工作气量为管道达到满负荷运行时季节调峰气量 $2.95 \times 10^8 m^3$，应急供气能力大于 $470 \times 10^4 m^3/d$，估算投资 12.2 亿元，投资回收期 8.7 年。在目前财税制度下，按照正常生产年份天然气储转量为 $2.95 \times 10^8 m^3$，融资前税前财务内部收益率为 12.0%，财务净现值为 0 计算，天然气储转价格为 0.785 元/m^3。如果通过该储气库配套管道输送的全部天然气分摊储气成本，每立方不超过八分钱。

二、中游管道运输企业的储备

建设天然气储备对管道运输企业有两个方面的作用：一是保证管道企业履行对上游企业和下游企业的合同义务，二是提高管道运输系统的运营效率和收益。

第一，保证管道运输企业履行对上下游企业的合同义务。捆绑销售模式下，管道企业通常和上下游都签订照付不议合同，按照合同规定接收上游企业天然气，向下游用户供应天然气，如果不能履行合同就要承担相应的赔偿责任。由于上游生产持续稳定而下游消费随时间波动，如果管道企业不建设配套的储气设施，就可能发生消费低谷时无法接收、消费高峰时无气可供的情况。为了保证能够履行对上游企业和下游用户的合同义务，管道企业通常选择建设适量的天然气储备以调节供需。

美国 1891 年建成第一条超过 100 英里的天然气长输管道，1915 年就建成了第一座地下储气库，1916 年又建成第二座地下储气库，既不是由于政府命令，也不是美国企业有更高的社会责任感和企业道德，而是基于企业自身利益的考虑。现在讨论供气安全和天然气储备，似乎供气企业建设天然气储备保障供气安全只是在尽社会责任。如果把问题回归到法律层面，在防止垄断企业滥用合同权的前提下，严格供气企业的合同责任和行政责任，建立天然气储备本就是供气企业为履行合同义务所必需的保障措施。

第二，提高管道系统运营效率和收益。管道系统的运营效率和收益取决于其输气能力，而储气库建设能够大大提高管道系统的输气能力。有资料提出，没配套地下储气库的长输管道系统输气能力能达到 80%～85%，而有配套地下储气库的长输管道系统能充分发挥其输气能力。且与没有地下储气库的管道系统相比，投资输气干线和压缩机站的成本减少 20%～30%；当气井按配产均衡生产且输气干线系统满负荷输气时，干线压缩机和气田采气井总数可减少 15%。

此外，建设储气库还能够降低管网投资，因为如果产地偏远，在消费地区附近建设储气库比建设预留输气能力的大型管道更为廉价。如果没有储气库，法国输气主干管网规模要扩大一倍，资产价值需要提高大约 30 亿欧元，还需要增加来自俄罗斯、挪威或者英国的上游气源。在配套建设储气库的情况下，通过对运输和储气加压进行优化设计，还可以节省二者的压缩机成本。因此，储气库建设不仅是法律责任和社会责任，也是供气企业提高自身经济效益的内在需求。

以下是一个中游输送企业的储气库案例。

大港储气库群

1999 年，大港油田大张坨储气库是我国开始建设的第一座地下储气库群，隶属北京华油天然气有限责任公司储气库分公司管理，目前已陆续建成大张坨、板 876、板中北、板中南、板 808、板 828 六座地下储气库。大港储气库距北京约 200km，地下储气库深度达 2000m。大港储气库总设计容量 $67 \times 10^8 m^3$，工作气量 $30 \times 10^8 m^3$，最大日处理能力 $0.34 \times 10^8 m^3$，主要功能为调节津京地区特别是北京市的冬季天然气用气，兼有事故应急供气功能。大港储气库通过管道与北京市天然气管网连接，春、夏、秋季将来自陕京二线管道富余的天然气注入地下储气库，冬季则从储气库采气供给用气城市。大港储气库的投入运行，不仅保障了北京地区冬季调峰和用气需求，而且保障了陕京线的安全平稳运营，陕京线运行效率由 2000 年的 74% 提高到 2004 年的 91%。2004 年～2005 年冬季，储气库调出气量占陕京管道供气量的 33.5%。

三、下游用户企业的储备

天然气下游用户企业包括城镇燃气经营企业和直供用户。直供用户通常是用气规模较大的工业用户，用气量均衡，调峰需求小，对气价比较敏感，直接从上游企业购买天然气。城镇燃气经营企业把从上游企业购买的天然气通过配送管网输送给最终用户，既是上游生产企业和中游管道企业的"用户"，又是天然气最终用户的"供应商"，是调峰需求的主要来源。

我国目前的天然气市场管理体制和价格机制，不利于调动下游企业建设天然气储备和储气设施的积极性。在管理体制上，上游供气企业主体单一，上下游企业之间缺少明确的保供责任划分和强有力的、具有操作性的责任追究机制，下游企业缺少建设天然气储备和储气设施的外在压力。在价格机制上，政府管制井口价格或者城市门站价格，管道运输价格也是固定的，没有调峰气价，下游企业不能通过储备天然气降低成本或者增加收入，不具有建设天然气储备的内在动力。

在市场发达国家，20 世纪 80 年代中期开始先后实行了天然气管网系统第三方公平准入、管道运输和天然气销售业务分离，上游供气企业按市场价向下游企业销售天然气，管道运输企业按照"两部制"价格提供运输服务。下游用户企业如果依赖上游企业调峰，就必然要向上游企业支付较高的气价，以弥补上游企业的储气费用。同时，由于管道运输实行两部制价格，为了满足高峰时期天然气运输需求，还必须承担高额的容量费。下游用户企业如果建立自己的储气设施，就可以在用气低谷时储备天然气，用气高峰时释放储备以弥补不足，降低向上游企业采购天然气和向中游企业购买管输服务的成本。

以下为一个城镇燃气企业的储气库案例。

城镇燃气经营企业建设地下储气库

港华公司拥有南京、宜兴、常州、丹阳、泰州、金坛等苏南地区多个城市的城镇燃气特许经营权，预计 2020 年供气规模为 $70 \times 10^8 \text{m}^3$。目前，该公司没有储气设施，应急和调峰的主要方式是临时采购 LNG 进行气化。该公司购买西气东输管道气的价格为 2.2 元/m^3，采购 LNG 实行市场定价。由于需要在用气高峰期进行现货采购，LNG 气价常常高达 4 元/m^3 以上，并且供气能力受到接收设施、气化能力、输送管道的限制。该公司决定成立储气专门公司——港华储气公司，与盐业公司合作建设地下盐穴储气库，有效库容 $2 \times 10^8 \, m^3$，用于为本公司供气的周边城市提供调峰和应急服务。据该公司项目负责人介绍，按照每年一个储采周期、融资前税后内部财务收益率为 12% 测算，该项目单位气量储气成本仍远低于管道气和 LNG 调峰气差价。事实上，由于盐穴储气库能够快进快出的特点，每年可以进行多次储采，将大大降低单位气量的储气成本。

第四节　天然气战略储备

一、我国学者的构想

中国石油大学康永尚教授等在 2006 年提出以国家、油公司、燃气运营商为投资主体的三级储备构想，具体来说就是：第一级以国家为投资主体主要负责建设含水层地下储气库，这样形成战略储备的基本格局；第二级以油公司为投资主体负责建设枯竭油气藏地下储气库，目的是以调峰和商业储备需求为主，同时可以兼顾战略储备需求；第三级以油公司和燃气运营商为投资主体，负责发展盐穴地下储气库，目的是保障城市消费调峰需求。同时，以国家和燃气运营商为投资主体，建设废弃矿坑、衬砌岩洞地下储气库作为战略储备和调峰储备的重要的补充。陈茂濠、吴文佳（2010）对广东地区建立天然气储备的建议，提出储备方式包括接收站、小型 LNG 储罐和 LNG 卫星站三种，同时采用 LPG 混合空气作为应急气源，建立15～30 天用气量的储备；在运营模式上提出按照石油储备运营模式，由省内国家级储备、企业义务储备和企业商业储备三部分共同承担。

马胜利、韩飞（2010）从储备方式、储备规模等方面分析了国外天然气储备建设经验，认为天然气储备已经成为天然气消费国家保障安全稳定供气的必要手段，提出我国应当尽早建立国家天然气战略储备。中国地质大学博士王冰（2012）提出建设 LNG 中继站以完善中国天然气战略储备体系。中国国际工程咨询公司（2012）提出，在 2015 年建成 $280 \times 10^8 \text{m}^3$ 天然气储备，占消费量的 10% 左右，具体由三部分构成：以国家储备为基本保障，力争 2015 年建成 $30 \times 10^8 \text{m}^3$ 储备能力；以商业储备为主体，力争 2015 年储备能力达到 $230 \times 10^8 \text{m}^3$；以城市应急储备为补充，2015 年建成 $20 \times 10^8 \text{m}^3$。张琼、董秀成等（2012）也提出参照国家石油储备制度，以政府拨款为主，国家主导、地方政府和企业共同建立天然气战略储备。

上述学者从储备方式、储备规模、储备模式等不同角度对我国建立天然气储备提出了建议，有些学者还区分了战略储备、商业储备、生产储备、企业义务储备等不同概念，但在天然气储备建设模式方面，普遍主张参照石油储备建设模式，由国家、地方政府和企业共同投资建设，天然气战略储备建设主要由国家投资。

二、市场发达国家的做法

世界上最早提出天然气战略储备概念的是意大利和法国，这两个国家的天然气供应都严重依赖进口。20世纪六七十年代，意大利和法国就提出天然气战略储备，但是并没有采取国家出资建设的方式，而是通过各种政策措施推动私营企业建设了大批地下储气库，其中法国的储备达到100天消费量。英国也同意天然气战略储备的概念，但是英国政府认为英国的海上气田就是英国的天然气战略储备，其只有17天的商业储备。

美国并不强调天然气战略储备，却建立了世界上最大规模的天然气储备，这些储备在性质上都是商业储备，属于私人公司所有。俄罗斯是天然气出口国，天然气储备用于国内和国外供气保障，储备量约占其供气总量的7%。俄罗斯天然气产业实行国有公司垄断经营，天然气储备并不区分战略储备和商业储备。日本天然气供应完全依赖进口，是世界上唯一颁布《天然气储备法》的国家，国家财政和民间企业共同建立80

天消费量的天然气储备，其中国家财政 30 天，民间企业50 天。

研究市场发达国家建设天然气储备的经验，我们发现无论是天然气生产国还是高度依赖进口的国家，虽然有些国家提出天然气战略储备的概念，但绝大部分国家的政府都不直接投资建设天然气储备，而是通过各种方式鼓励企业储备。

三、天然气战略储备宜由政府给予政策支持

天然气储备对国家能源安全和经济稳定有战略意义，因此我国很多专家提出参照战略石油储备制度和日本天然气储备经验建立我国的天然气战略储备。但是，应当注意到，天然气不同于石油，我国天然气市场形势也不同于日本。我们认为，国家在天然气储备建设方面更应当关注理顺价格机制，清除建设天然气储备的政策和法律障碍，必要情况下对储备设施建设给予适当的财政补贴，吸引企业资金投入天然气储备建设，而不是由政府直接投资天然气储备建设。

第一，石油与天然气不同。天然气无论是用于发电、工业原料还是用于取暖、热水、做饭，都属于民用范畴，基本不具有军事意义，而且具有较强的可替代性，很容易被煤、电等能源替代。而石油除了用作燃料、工业原料之外，还是飞机、舰船、战车等军事资产不可或缺的燃料，具有高度的军事价值和

战略意义，作为交通运输燃料的作用几乎是不可替代的，自第一次世界大战以来一直被视为战略物资。

第二，我国天然气供应形势和日本不同。我国是世界第一能源消费大国，同时也是第一能源生产大国，现在天然气进口占消费总量不超过三分之一，长远来看也不会超过三分之二，而且有丰富的煤炭资源在必要条件下可以替代天然气。因此，我国完全有资格像英国那样说国内产能就是我们的战略储备。而日本几乎所有的能源都依赖进口，其不仅储备天然气，而且储备包括煤炭在内的几乎所有能源。世界上只有日本一个国家颁布了《天然气储备法》，在市场发达国家中也只有日本国家直接投资储备天然气。

第三，企业在必要的商业敏感性和快速决策机制方面更灵活。天然气储备是高度商业化的活动，影响天然气储备规模、时机的因素有很多，如进口依赖程度、用气结构、天气预测、政治事件、自然灾害、国际局势等，需要综合判断、快速决策。国家作为天然气储备投资主体需要遵守严格的决策程序，收储和投放过程缓慢，不能及时反映市场变化，在这方面不如企业灵活，难以满足市场需求。

第四，商业储备、生产储备和战略储备之间没有不可逾越的严格界限。如果商业储备、生产储备充分，一旦发生外部供气中断，商业储备一样可以释放出来保障供气安全；如果商业储备严重不足，就算建立起国家战略储备，也是替企业承担保供责任。事实上，国家投资建设天然气储备只会增加企业对国家储备的依赖，客观上降低企业储备的积极性。

第五，国家直接投资天然气储备不符合市场经济条件下的政府定位。在市场经济条件下，天然气采购、储备和销售都是市场经营活动，政府应当尽可能避免直接参与，企业能做的事情让企业去做。国家直接投资天然气储备建设，其结果或者是垄断市场与民争利，或者是造成亏损增加财政负担，都只会给政府及主管部门带来负面评价。

第三章

天然气储备设施的类型和特征

　　天然气储备设施是指能够接受和储存天然气并在必要时释放储备的天然气基础设施。随着天然气产业发展和建造技术的进步，已经发展出多种储气方式，用于满足调峰和应急储气需求，如地下储气库、LNG 储罐、高压气罐、高压管道储气等。其中，储气量大、调峰和应急保障能力强、使用也较为普遍的储气方式是建设地下储气库和 LNG 储罐。

第一节　地下储气库

　　地下储气库，是指在地下较深处找到一个完全封闭的地质构造体，用泵送的方式在地面将天然气注入地质构造体中储存起来，形成人工气田或气藏。地下储气库通常有以下三种：一是枯竭油气藏储气库；二是含水岩层储气库；三是盐穴储气库。相比地面储气设施，地下储气库具有以下明显优势：一是储存量大，调峰范围广；二是经济合理，虽然初始投资大，但是持久耐用，整体储气成本低；三是安全，地下储气库安全性远高于地面设施。地下储气库主要用于保障季节调峰，通常建在下游天然气市场周边地区。因地下储气库具有储气规模大、储气成本低的特点，也用于应急和战略储备。

一、枯竭油气藏储气库

枯竭油气藏储气库，就是利用地下枯竭油藏或者枯竭气藏建设的储气库，是目前应用最广泛的储气方式。利用枯竭油气藏建库简便易行，尤其是气藏，因为这些油气藏具有很好的圈闭结构，有较大的构造闭合度，密封性良好。从这些油气藏的实际开采中可以得到气库的储气能力、注采能力、压力等参数。此外，利用枯竭油气藏建库还可以利用现存的井、集气系统及与管道系统的连接设施。全球已经建成的700多座储气库中，枯竭油气藏储气库占80%，其中枯竭气藏占75%，枯竭油藏占5%。（见图3-1）

一个油气藏是否可以作为一个好的储气库，取决于地质情况和地理位置两个方面。地质方面，岩石孔隙度是一个重要因素。因为储气库不仅要采出天然气，还要注入天然气。油气藏岩石的孔隙度越大，注入和采出的速率就越大。在某些情况下，如果油气藏岩石只具有较低的孔隙度，可能就要采取措施在岩石中造成裂缝，增加天然气朝着井孔流动的机会。地理位置方面，如果这个枯竭的油气田远离现存的输气主干线或市场区及配气干线，那么就要在连接管线的建设和操作上发生更大支出。资料表明，气库与用户距离越近越经济，以50km～200km为宜，超过200km就不经济了。出于安全考虑，储气库与用户的距离也不宜太近。

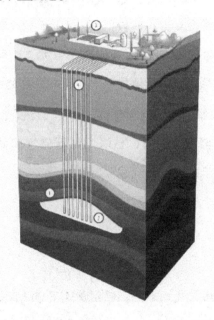

①盖层；②储层（枯竭油气田）；③气站；④注采井

图3-1　枯竭油气藏储气库示意图

枯竭油气藏储气库的缺点是周转率（在一年中总的工作气量被注入和采出的次数）相对较低。尽管每日采出流量依赖于它的孔隙度、渗透性等物理性能，这种地下储气库通常被设计成每年周转一次。由于每一个储气库在地面设施（例如压缩机）、垫底气水平、流量性质等方面存在差异，不同枯竭油气田储气库的每日采出流量会有很大变化。然而，在三种主要的地下储气库类型中，枯竭油气田储气库容气量是最高的，开发、操作与维护支出相对较低。

由于枯竭油气藏储气库具有储气量大、注采速率低的特点，通常作为季节性供应储气库，在用气非高峰季节（4月~10月）注入天然气，用气高峰季节（11月~3月）采出天然气，用于季节调峰。同时，枯竭油气藏储气库储气量大的特点，也可以用于建设天然气战略储备。

以下为一个枯竭油气藏储气库案例。

呼图壁地下储气库

继大港油田储气库之后，呼图壁地下储气库是我国投入使用的第二座大型地下储气库，同时是西气东输管网系统配套建设的首座大型地下储气库。呼图壁储气库是利用开采已近枯竭的呼图壁气田改建而成，由新疆油田负责实施，肩负北疆天然气调峰和国家战略储备的双重重任，是中石油应对北疆天然气紧缺和国家战略资源储备所采取的重要举措。呼图壁地下储气库设计库容 $107 \times 10^8 \mathrm{m}^3$，工作气能力 $45 \times 10^8 \mathrm{m}^3$，计划建设周期约四年，新钻注采井 30 口。储气库 2011 年 7 月 1 日开工建设，2013 年 7 月开始投产，日注气能力达 $0.1123 \times 10^8 m^3$。呼图壁地下储气库的气源为西气东输二线，预计呼图壁储气库投入使用后，可有效保障"西气"稳定向东输送，并解决天山北坡经济带冬季调峰需求。

二、含水岩层储气库

含水岩层储气库，实际上就是建造在地下含水岩层中的人造气藏。如果一个含水的沉积岩层被非渗透性的顶部岩石所覆盖，那么这种自然含水层就可能适于被开发为地下储气库。这种储气库是利用含水层中有很多孔隙，同时孔隙中含水，注入气后，气将水压走；抽气时，水再返回，这样就形成了人工气田。这种建造储气库的地层，比较理想的状况是能够不困难地吸收所需数量的气体，并且可以长时间保存，同时在需要的时候释放这些气体。因此，这就需要地层是一个良好的、有足够延伸的同时被不渗透岩石覆盖的储集层，而且要有一定的形状，使含于其中的气体在上浮时能够占据稳定的体积。含水岩层储气库可以分为构造型和地层型两种类型，一般建在背斜构造的含水砂岩层中。储气层应是孔隙性、渗透性较好的储层，盖层要可靠，保证气体不会垂直泄漏，储层周围密封性要好，气体不能侧向运移。

利用含水岩层作为地下储气库具有构造完整、钻井完井一次到位的优点，但也存在明显不足之处，因此只有在枯竭油气藏储气库不可获得时才建造这种储气库。第一，在开发自然含水岩层作为地下储气库之前，人们对它的地质情况并不了解。为了获得这个含水岩层圈闭现存压力、盖层类型、岩石的孔隙度及渗透性等物理性能，评估它的潜在储气能力，需要进行大量工作，导致含水岩层储气库的开发成本要高于枯竭油气藏储气库，开发时间通常是枯竭油气藏储气库的两倍。第二，所有的设施都必须从头建设，包括井、管线及脱水设施和压缩机站，为了注入目的需要更大功率的压缩机以便将水排出。第三，自然含水岩层中不存在原生气，为了建立和维持适当的压力就需要注入大量的垫底气。油气藏储气库中通常需要注入相当于总容量50%左右的垫底气，而地下含水岩层储气库通常要注入相当于总容量80%～90%的垫底气，而且即使项目报废，大部分的垫底气也是不能回收的。因此，自然含水岩层储气库的开发成本十分高昂。第四，开发这种储气库可能给地下水资源造成污染，因此面临更为严格的环境保护限制。（见图3-2）

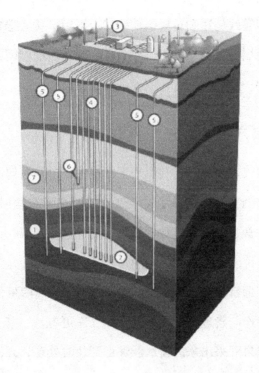

①盖层；②储层；③气站；④注采井；⑤观测井；

⑥上部水层监测井（若需要）；⑦上部水层

图3-2　含水岩层储气库示意图

我国油气藏主要富集在陆相地层中，规模比较小，主要分布在北部和西部，东南主要天然气消费市场缺乏建设枯竭油气藏储气库的条件。在含水岩层中建造地下储气库，受地理条件的限制比较小，选择的空间较大，在我国有比较大的潜力。因此，在大型管线周边和重要的消费城市附近，优先选择古生界海相沉积地层开展地质勘探，寻找有利的含水层圈闭，这样就有望建立起一定规模的含水层地下储气库。

三、盐穴储气库

盐穴储气库，主要是利用地下盐层中经过水溶解盐而形成空穴，直接储存天然气。盐穴储气库一般选择在盐层厚度大、分布稳定的盐丘上造穴。盐穴储气库的优点是：第一，占地面积小。与由许多井构成的枯竭油气藏储气库相比，盐穴储气库的占地面积通常只有其 1/100。第二，盐穴储气库更像一个高压气罐，操作与管理比枯竭油气藏储气库更容易。第三，开发周期短。如果开采出来的卤水能够得到及时处理，开发一个盐穴储气库通常只需要 18~24 个月，而开发一个油气田储气库则需要 24~36 个月。中石油开发的金坛盐穴储气库进展缓慢，主要是由于溶解盐生产的卤水无法及时得到处理。较短的开发周期可以节省建设期利息支出，更早获得收益。第四，垫底气量小，通常仅为总库容的 25%，在紧急情况下能被完全采出。第五，注采速率高，与枯竭油气田或含水岩层储气库通常每年周转一次不同，盐穴储气库的周转率每年可以达到数次，因此能够满足需求上更大的波动。（见图 3–3）

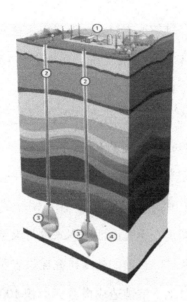

①气站；②注采井；③盐穴；④盐丘地层

图 3 – 3　盐穴储气库示意图

　　盐穴储气库的缺点是与枯竭油气藏储气库、含水岩层储气库相比储气量有限，导致开发和维护成本相对较高。在国外，盐穴储气库的盐腔体积一般在几十万立方米的规模上。欧洲有经验表明，从安全和有效性的角度来考虑，最大可能的盐腔体积在（40~60）×10⁴m³比较合适，此时能注入的总气量和之前所述枯竭油气藏储气库、含水岩层储库相比是很小的。盐穴储气库开发成本较高，通常是枯竭油气藏和含水岩层储气库的2~3倍。盐穴储气库洞壁也容易受盐水侵蚀而老化，因此需要安装特殊设备，维护成本较高。但是由于盐穴储气库注采速率高，相同的工作气量在用气高峰期能够周转三四次甚至更多，因此能够产生更多的收入。

我国盐岩分布范围广，但是以层状为主。参考法国的经验，在 150m ~ 400m 甚至大于 400m 的厚盐层中，一种单孔注水溶蚀造腔技术已经很成熟；此种技术在 60m ~ 100m 厚的盐层中也可以使用。但是，对于厚度小于 60m 的盐层，法国燃气苏伊士集团公司正在研究论证其用来进行天然气地下储备用途的技术和经济条件。目前的初步研究成果表明，对于厚度小的层状盐层，通过地下溶蚀造成横截面面积 $1000m^2 ~ 3000m^2$、长度几百米和腔体体积达到几十万立方米的平洞是可以保证持续稳定的。虽然造洞技术在目前还没有很好地可靠解决，但根据预测来说，在层状盐层中建造地下储气库应该还是很有发展潜力的。另外，如果建设地下盐穴储气库，最好考虑可以与盐资源的利用结合起来，实际操作中可由石油公司、城市燃气运营商和盐业公司共同开发。

以下为一个盐穴储气库案例。

金坛地下盐穴储气库

金坛地下储气库位于江苏省金坛市直溪镇，毗邻镇江，是西气东输的重要调峰设施，属盐穴地下储气库。金坛矿盐层分布稳定，封闭性好，结构简单，易于水溶开采，可在地下形成较大溶腔，盐穴的溶腔时间约需三年。金坛盐穴储气库开创了中国盐穴储气库建设的先河，在选址选区、评价区块、设计溶腔、造腔控制、稳定性分析、设计注采方案、钻井工艺等方面获得了一系列的研究成果和技术手段，为中国建设盐穴储气库积累了大量技术和经验。金坛盐穴储气库建库盐层区域面积达 $11.2km^2$，库深约 $1000m$，是中国盐穴第一库，也是亚洲规模最大的盐穴储气库。

金坛盐穴储气库分西区与东区两大块。经过近 6 年建设，西区储气库于 2006 年 3 月 29 日全面竣工，库容为 1.21×10^8 m^3。西区储气库利用采卤老腔 6 口西区储气库利用采卤老腔 6 口，储气库工程主要包括地下溶腔和输气干线两部分，工程总造价约 40×10^8 元。储气工艺采用注气、采气转换方式，冬季或应急状态下采气外供，其他时间注气。输气干线从西气东输镇江分输站至储气库工艺站场，管道长 $34.8km$，管道外径 $1016mm$，运行压力 $10.0MPa$，与西气东输管道参数一致，且该段管道设截断阀室 1 座。西区储气库设计压力 $14.5MPa$，运行压力 $7.0 \sim 14.5MPa$，储气规模 $25 \times 10^8 m^3$。西区储气库设有 4 台进口燃气加压机，出口压力为 $14.5MPa$，设计流量 $60 \times$

$10^3 \mathrm{m}^3/\mathrm{d}$，每台加压机自身消耗量天然气 $8000\mathrm{m}^3/\mathrm{d}$。此外，有 1 套 $240 \times 10^3 \mathrm{m}^3/\mathrm{d}$ 注气装置，2 套 $150 \times 10^3 \mathrm{m}^3/\mathrm{d}$ 调峰采气装置，2 套 $400 \times 10^3 \mathrm{m}^3/\mathrm{d}$ 应急采气装置，总应急采气能力达 $1100 \times 10^3 \mathrm{m}^3/\mathrm{d}$。预测单位储气费约为 0.60 元/$\mathrm{m}^3$。

东区储气库未完成，规划建造新腔 17 口，库容 7.22×10^8 m^3。

第二节　液化天然气（LNG）储罐

LNG 是 Liquefied Natural Gas（液化天然气）的英文缩写，是把气田生产的天然气经过净化处理，再经超低温（−162℃）常压液化，以方便运输、储存。LNG 主要采取储罐方式储存，国外曾经探索将液化天然气储存在地下洞室中，但成功的例子较少，主要的原因是液化天然气与周围岩体会进行热交换，这样所产生热应变与岩体破裂问题没有很好地解决。LNG 正受到越来越多国家的青睐，东亚是世界上 LNG 利用最集中的地区。2013 年，我国以 LNG 形式进口天然气 $245 \times 10^8 \mathrm{m}^3$，比上年增长 22%，占我国天然气进口总量的 47.2%，天然气消费总量的 15%。在沿海沿江 LNG 接收站建设大型 LNG 储罐，在城市周边建设适当规模的 LNG 储罐，用于天然气战略储备和调峰，既有其现实必要性，也有实现的条件。LNG 还是优质的汽车燃料，随着 LNG 汽车的发展，汽车加气站的 LNG 储罐也可以为城市提供短期应急储备。

一、地下储罐

如图 3 - 4 所示，罐体坐落在不透水稳定的地层上，储罐内储存的 LNG 的最高液面在地面以下，罐顶露在地面之上。罐底和罐壁设置加热器，主要是防止周围土壤冻结。为提高土壤的强度和水密性，有的储罐周围留有 1 米厚的冻结土。地下储罐采用了圆柱形金属罐，外面加有钢筋混凝土外罐，地下储罐能有效承受自重、液压、地下水压、罐顶、温度、地震等载荷。内罐采用金属薄膜紧贴在罐体内部的工艺，金属薄膜通常制成波纹状，在 - 162℃ 时，金属薄膜具有很好的液密性和气密性，能承受 LNG 进出罐时液压、气压及温度的变动，且具有充分的疲劳强度。

与地上储罐相比，地下储罐不会泄漏，有更好的抗震性和安全性。此外，地下储罐大大减少了空中物体的碰击，避免了风载的影响，也不影响人员的视线。日本川崎重工业公司为东京煤气公司建造的 LNG 地下储罐，储罐直径为 64m，高 60m，液面高度 44m，外壁为 3m 厚的钢筋混凝土，内衬为 200mm 厚的聚氨酯泡沫隔热材料，内壁紧贴耐 $-162℃$ 的川崎不锈钢薄膜，罐底为 $7.4m$ 厚的钢筋混凝土，容量达 $14×10^4m^3$。地下储罐罐底要位于地下水位以上，地下储罐施工周期较长，投资较高，建设前需要进行详细的地质勘查，以确定是否可采用地下储罐这种形式。

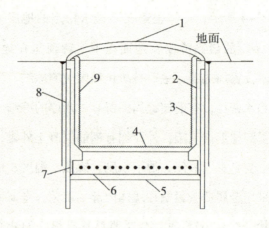

①槽顶；②顶隔热层；③热侧壁；④壁储槽底板；⑤槽沙砾层；

⑥砾底部加热器；⑦部沙浆层；⑧侧加热器；⑨加薄膜

图 3 - 4　半地下式 LNG 储罐示意图

二、地上储罐

目前 LNG 储罐应用最为广泛的为金属材料地面圆柱形双层壁储罐。LNG 地上储罐主要有以下五种形式：

（一）单容罐

单容罐是常用的形式，它分为单壁罐和双壁罐（由内罐和外容器组成），考虑到安全和隔热，单壁罐未在 LNG 中使用。双壁单容罐的外罐是由普通碳钢制成，因普通碳钢不能承受低温，包括 LNG 和低温气体，主要起固定和保护隔热层的作用。单容罐要求有较大的安全距离及占地面积，因单容罐的结构特点，单容罐适宜建在人口稀疏区，且不易遭受灾害性破坏（如火灾、地震、海啸、爆炸及外来飞行物的碰击）的地区。如图 3 - 5 所示，a、c 采用座底式基础，b、d 采用架空式基础。单容罐设计压力一般为（17 ~ 20）kPa，操作压力通常为 12.5kPa。对直径较大的单容罐，设计压力应相应较低，BS7777 规范中推荐这种储罐设计压力小于 14kPa，如储罐直径为 70m ~ 80m 时已经难以达到，其最大操作压力大约在 12kPa。因设备操作压力较低，卸船过程中蒸发气不能返回到 LNG 船舱中，要增加一台返回气风机。因设计压力较低，需要较大公里的回收压缩系统才能使蒸发气体返回，这将增大投资和增加操作费用。

单容罐具有投资相对较低和施工周期较短的优势；但单容罐对安全检测和操作的要求较高，易泄漏是它较大的问题。根据相关规范要求，单容罐罐间安全防护距离较大，并需设置防

火堤，且周围不能有其他重要的设备，这样会增加占地和防火
堤的投资。因单容罐的外罐是普通碳钢，需要严格地保护以防
止外部的腐蚀，外部容器需要长期检查和补充油漆。因单容罐
较其他形式罐的安全性低，近年来大型 LNG 生产厂及接收站
已较少使用。

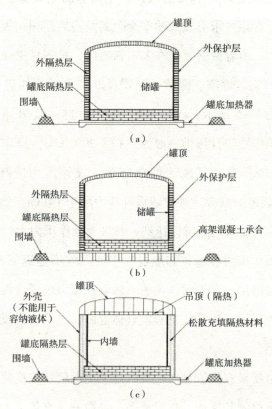

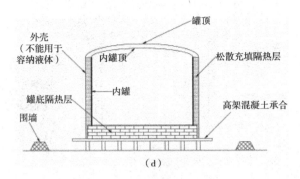

图 3 - 5　单容罐结构示意图

（二）双容罐

双容罐具有能耐低温的不锈钢材质的内罐和混凝土的外罐，内筒发生泄漏时，气体会外泄，但液体不会，增强了外部的安全性，而且外界发生危险时，外部的混凝土墙也能起到一定的保护作用，安全性比单容罐高。根据相关规范要求，双容罐无须设置防火堤，但仍需要保留较大的安全防护距离。双容罐发生事故时，LNG 罐中气体被释放出来，但仍可以持续控制装置。双容罐结构示意图相见图 3 - 6，a 外罐采用金属材料，b 外罐采用预应力混凝土，罐顶加吊顶隔热，c 外罐采用预应力混凝土并增加土质护堤，罐顶加吊顶隔热。储罐采用与单容罐相同的设计压力（均较低），也需要设置返回气鼓风机。与单容罐相比，双容罐的投资略高，施工周期也略长。

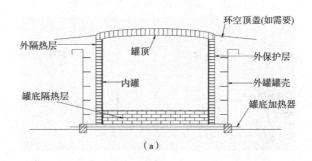

（a）

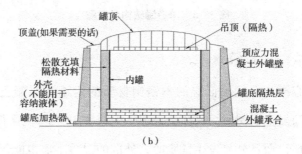

（b）

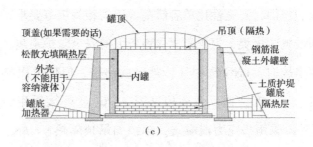

（c）

图 3-6　双容罐结构示意图

（三）全容罐

全容罐结构示意图详见图 3-7，全容罐的结构采用 9% 镍钢内筒、9%镍钢或混凝土外筒和顶盖、底板，外筒或混凝土墙到内筒约1m～2m，允许内筒里的LNG和气体向外筒泄漏，可避免发生火灾。全容罐最大设计压力为30kPa，允许最大操作压力为25kPa，设计最小温度−165℃。

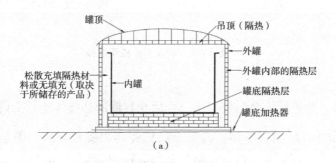

（a）

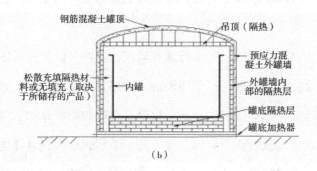

（b）

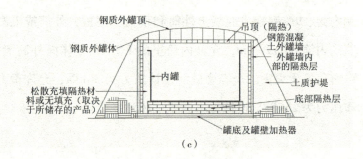

钢质外罐顶
吊顶（隔热）
钢质外罐体
钢筋混凝土外罐墙
外罐墙内部的隔热层
内罐
土质护堤
松散充填隔热材料或无填充（取决于所储存的产品）
底部隔热层
罐底及罐壁加热器
（c）

图 3 – 7　全容罐结构示意图

全容罐不会向外界泄漏，因全容罐的外筒体能承受内筒泄漏的 LNG 及其气体，其安全防护距离也要小得多。事故一旦发生，可以继续输送物料，对装置的控制也可以继续，这种状况可持续几周，直至设备停车。

全容罐还包括混凝土外罐和罐顶，这些可以承受外来飞行物的攻击和热辐射，对于周围的火情还具有良好的耐受性。液化天然气可能会溢出，混凝土提供了良好的防护作用。当全容罐采用金属顶盖，全容罐、单容罐、双容罐最高设计压力均一致。当采用混凝土顶盖（内悬挂铝顶板），安全性能增高，但也相应增加投资。全容罐设计压力相对较高，在卸船时可利用罐内气体自身压力将蒸发气返回 LNG 船，节省了蒸发气（BOG）返回气风机的投资和操作费用。即使有低温冲击现象，也会限制在很小的区域，通常不会影响储罐的整体密封性。

（四）膜式罐

膜式罐采用不锈钢内膜和混凝土储罐外壁，对防火和安全距离的要求与全容罐一致。但同双容罐和全容罐相比，它只有一个筒体。不锈钢内膜很薄，没有温度梯度的约束，膜式罐比全容罐的操作灵活性更大。膜式罐适用的规范可参照 EN1473（液化天然气设备与安装）。膜式罐储罐可设在地上或地下，建在地下时，这种结构可防止液体的溢出，具有良好的安全性，投资和工期允许，可选用较大的容积。膜式罐较适宜在地震活动频繁及人口稠密地区使用，但整体投资比较高，工期长。因膜式罐本身结构特点，它还有微量泄漏的缺点。

（五）球形罐

LNG 球形储罐详见图 3－8，其内外罐均为球状。在工作状态下，内罐为内压容器，外罐为真空外压容器，夹层通常为真空粉末隔热。球罐的内外球壳板在压力容器制造厂加工成形后，需在安装现场组装。球壳板现场安装难度大，它的成形需要专用的加工工装。由于球体是在同样的体积下，具有最小的表面积，球性罐具有所需材料少、设备质量小、传热面积小、耐压性能好等优点，此外因夹层可以抽真空，有利于获得最佳的隔热保温效果。但球形罐的球壳加工需要专用设备，精度要求高，加之现场组装难度大，质量不易保证。虽然球壳具有最小的净质量，但球壳的成形材料利用率最低。

球形罐的容积一般为 $200m^3 \sim 1500m^3$，工作压力 $0.2MPa \sim 1.0MPa$。为减少现场安装的工作量，建议容积在 $200m^3$ 以下的球罐尽可能在制造厂整体加工后出厂。容积超过 $1500m^3$ 的，因为此时外罐的壁厚过大，制造困难，不宜采用球罐。

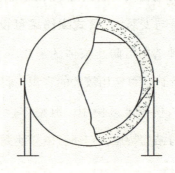

图 3 - 8　LNG 球形储罐

三、LNG 储罐的比较和选择

LNG 罐型的选择需遵循安全可靠、投资低、寿命长、技术先进、结构有高度完整性、便于制造、整个系统的操作费用低等原则。

因地下罐投资高、工期长，除有特殊要求外，一般不选用地下罐。双容罐和全容罐投资和交付周期相近，但因安全性能较低，现在的 LNG 储罐也不会设计选择。相比其他罐型，较低的投资是单容罐很显然的优点，剩下的费用可用来增加其他设备和安全装置来保证安全性。和其他形式储罐比，全容罐和膜式罐的投资较高，但安全性更好，它们是目前接收站普遍采用的罐型，此外混凝土顶经常被视为是能提供额外保护和具有工艺优势（较高的操作压力）。与全容罐和地下罐相比，膜式地上罐理论上在投资和交付周期上均有优势，但膜式地下罐的制造商太少。

与全容罐相比，单容罐、双容罐本身投资较低，建设周期较短。但因单容罐、双容罐的设计压力和操作压力均较低，需要处理相应增加较多的 BOG（闪蒸汽，Boil Off Gas）量，还需提升 BOG 压缩机及再冷凝器的处理能力，因卸料时 BOG 不能利用罐自身的压力返回输送船，还必须额外增加配置返回气风机。因此，综合 LNG 罐及相应配套设备的投资，单容罐、双容罐反而高于全容罐，他们的操作费用也高于全容罐（详见表 3 -1、表 3 -2）。

第三节　不同类型储气库对比

利用枯竭油气藏、含水岩层、盐穴建造的地下储气库以及 LNG 储罐，在建造成本、运营成本、储气量和调峰能力等方面各有不同。各种不同类型储气库的优缺点、投资成本及运营成本等见表3-3。

表3-1 LNG储罐比较

罐型	单容罐	双容罐	全容罐	膜式地上储罐	膜式地下储罐
安全性	中	中	高	中	高
占地	多	中	少	少	少
技术可靠性	低	中	高	中	中
结构完整性	低	中	高	中	中
投资（罐及相关配套设备）	80%~85%需配回气风机	95%~100%需配回气风机	100%不配回气风机	95%需配回气风机	150%~180%需配回气风机
操作费用	中	中	低	低	低
施工周期/月	28~32	30~34	32~36	30~34	42~52
施工难易程度	低	中	中	高	高
观感及信誉	低	中	高	中	高

表3-2 LNG罐的造价及建设周期比较

LNG储罐	造价	建设周期/月
单容罐	80%~85%	28~32
双容罐	95%~100%	30~34
膜式罐	95%	30~34
全容罐	100%	32~36

LNG 储罐	造价	建设周期/月
地下罐	150% ~ 180%	42 ~ 52
池内罐	170% ~ 200%	48 ~ 60

注：造价系指罐容 $10 \times 10^4 m^3$ 以上储罐，建设周期为罐容 $12 \times 10^4 m^3$ 以上储罐。

表3－3　不同类型储气库对比

类型	优点	缺点	开发阶段	投资成本（元/M³）	运营成本（元/M³）
枯竭油气藏	1. 容量大 2. 现有设施再利用 3. 密封性已知	1. 老旧设施 2. 储层特性进一步研究 3. 垫底气不可回收 4. 注采速率低	现有构造，评估，设计和建造	0.84 ~ 3.3	0.067 ~ 0.25
含水岩层	1. 容量大	1. 需要勘探 2. 环境监测 3. 垫底气仅部分可回收	勘探，评估，设计，建造和注入垫底气	2.5 ~ 5.0	0.067 ~ 0.25
盐穴	1. 高产能和灵活的周期性 2. 垫底气回收 3. 垫底气量小(<30%)	1. 成本较高 2. 溶漓（水、卤水排放） 3. 蠕变（潜在体积损失） 4. 工作气量小	勘探，评估，设计，溶漓和建造	4.2	0.067 ~ 0.67

续表

类型	优点	缺点	开发阶段	投资成本（元/M³）	运营成本（元/M³）
液化天然气储罐	1. 高产能和灵活的周期性（取决于气化厂产能和配套气化能力）2. 中小容量	1. 建造和维护成本较高 2. 需要与其他建筑物保持安全距离	设计和建造	6.7~10.0	0.05~0.067
内衬岩洞 *	1. 高产能和灵活的周期性 2. 垫底气可回收	1. 成本高 2. 工作气量小	勘探，评估，设计和建造		

资料来源：SUEZ，CNPC，* 为试验项目。

第四节　城市燃气储气设施

地下储气库、LNG 储运中心等大型储气设施储气量大、单位储气费用低、调峰和应急能力强，但是投资规模巨大，一般城市燃气企业很难承担。城市燃气调峰需求包括季节调峰、日调峰和小时调峰。从国内外经验来看，城市燃气企业通常依赖上游供气企业解决季节调峰需求，而通过建设中小储气能力的储气设施自主解决日调峰和小时调峰，包括高压储罐、高压管束、高压管道、LNG 储罐等。

一、高压储罐储气

高压储罐主要是通过改变储罐中的压力来储存燃气。按形式划分有两种，分别为筒形罐和球形罐。与筒形的储罐相比，球形储罐具有受力好、省钢材、占地小、投资少等优点，在世界各国范围内均有广泛应用。球形罐的容积一般在 $3000m^3$ ~ $10000m^3$，工作压力约为 $1.0MPa$，球形罐主要用于调节城市配气系统日或小时高峰。与其他类型的压力储气罐相比，高压球罐也具备一定的优势，但球罐属于地面球罐、占地面积较大，储气容量相对较小，压力较高，易造成城市居民的心理上的恐慌，对城市来说是个危险源。唐山燃气集团公司安装了四个 $5000m^3$ 的球形储罐（见图 3 – 9），承担全唐山市居民用气、工业和商业用气的调峰、调压工作。

图 3 – 9　球形高压储罐

二、高压管束储气

高压管束储气是利用若干根钢管构成的管束埋设于地下，形成的储气设备，利用管束能承受高压的特性进行储气。管束采用的钢管直径一般为 1.0m ~ 1.5m，长度从几十米到几百米不等。高压管束储气主要用于城市燃气配气系统的日调峰，管束埋设在人口稀少的地区。与球罐储气相比，高压管束储气设施运行压力高，管径较小，埋地较安全，建造费用较低，但占地面积较大。一般在压力较高时才考虑使用，压力较低时和球罐相比不具备优势。

三、高压管道储气

高压管道储气是指，燃气企业需要建设的各种输气管线，在满足日常输气能力的前提下，适当增大输气管线管径，利用长输管线末端压力较高的特点，使其具有一定的储气能力。高压管道储气原理是通过管道内压力变化，存储与释放天然气的。上游均匀供气的情况下，用气高峰时，进气量小于出气量，管网的压力随之下降，将储存的天然气供用户使用；用气低谷时，进气量大于出气量，管网的压力逐步上升，直到与进气压力平衡。同高压管束储气一样，高压管道储气具有管径小、承压高的特点，又避免了高压管束作为高压容器而引起的许多问题。由于受城市用地、安全规范、运行成本等限制，综合经济性考虑，需要与其他调峰设施配合进行管径优化。目前，国内一线城市如北京、上海、深圳等新设计的天然气输配系统全部都采用了城市高压管道储气。

四、LNG 罐储气

LNG 体积约为同量气态天然气体积的 1/600，每吨 LNG 约等于 1400 标方天然气。与其他储气方式相比，LNG 储罐占地面积小、垫层气少、建设周期短，配合适当的商务安排（组合采购策略、现货、换货等），调峰能力弹性好，性价比较高。LNG 储罐的缺点是投资相对较贵，适用于缺乏管道气来源的经济发达、人口密集地区，以 LNG 为主要资源供应的地区，以及缺乏地下储气设施形成地质条件的地区。LNG 储罐规模可大可小，选址布局灵活。小型储罐（5m³～50m³）常用于民用 LNG 汽车加注站及民用燃气液化站；中型储罐（50m³～100m³）多用于工业燃气液化站；中大型储罐（100m³～1000m³）可作为小型 LNG 生产装置和地区 LNG 中转、储备中心；大型储罐（10000m³～40000m³）可用于基本负荷型和调峰型液化装置；特大型（40000m³～200000m³）常用于 LNG 接收站。LNG 储罐配合适当规模的气化设施，能够满足多种调峰和应急储备需要。

第四章

我国天然气储备能力建设的现状和问题

第一节 我国天然气储备需求

一、天然气消费增长迅速

2010 年，中国成为世界第一能源消费大国。但中国的能源消费结构明显不合理，2016 年一次能源消费中煤炭占 62.4%，天然气仅占 6.2%，而世界一次能源消费结构中煤炭与天然气分别占 30% 与 23.7%。以煤为主的能源消费结构，给我国造成沉重的环境压力。国际能源署数据显示，2013 年全球二氧化碳排放量 360 亿吨，中国为世界第一排放大国，占了总排放量的 27.8%。近年来，中国多地出现雾霾，长三角、珠三角和京津冀鲁地区尤为严重，大气污染程度十分严重，引起中央政府高度重视。2013 年 9 月，国务院颁布《大气污染防治行动计划》，环境保护部、国家发展和改革委员会、工业和信息化部、财政部、住房和城乡建设部及国家能源局等六部委联合发布了《京津冀及周边地区落实大气污染防治行动计划实施细则》（环发〔2013〕104 号）。《大气污染防治行动计划》中提出的十项措施，其中一个重要的措施为加快能源结构调整，增加天然气和其他清洁能源供应，降低煤炭在能源消费结构中所占的比例。

2016 年 12 月，国家发改委颁布的《天然气发展"十三五"规划》（发改能源〔2016〕2743 号）提出到 2020 年天然气占一次能源消费比例为 8.3% ~ 10%，国内天然气综合保供能力达到 3600 亿立方米以上。随着十八届三中全会后进一步推进城镇化，我国城镇化进程加快，城镇居民数量不断增加。城镇居民对能源质量的要求越来越高，干净、清洁的天然气及新能源等成为城市居民生活用燃料的首选。2012 年，我国颁布并实施的《天然气利用政策》，明确了天然气优先用于城市燃气领域的这一基本原则，为我国城镇化进程加快所需的天然气供应提供了政策保障。目前，我国城镇平均气化率仅为 30%，市场仍有很大潜力。随着中国城镇化进程的加速和城市家庭构成的小型化趋势，我国城市使用天然气的人数和人均天然气消费量将不断增加。

根据 BP 世界能源统计，我国能源消费总量从 1997 年的 9.16 亿吨油当量增加到 2013 年的 28.52 亿吨油当量，年均增长率 7.34%。同期我国天然气消费从 1997 年的 $195 \times 10^8 \mathrm{m}^3$ 增加到 2013 年的 $1616 \times 10^8 \mathrm{m}^3$，年均增长率达 14.13%，几乎是能源消费增长率的两倍。2014 年 4 月，国务院办公厅转发的国家发展改革委《关于建立保障天然气稳定供应长效机制的若干意见》中提出，到 2020 年天然气供应能力达到 4000×10^8 m^3，力争达到 $4200 \times 10^8 \mathrm{m}^3$，是 2013 年消费量的两倍半。

二、进口天然气所占比例不断上升

根据新一轮油气资源评价和全国油气资源动态评价（2010），我国常规天然气地质资源储备量为 $52 \times 10^{12} \mathrm{m}^3$，最终可采资源量 $32 \times 10^{12} \mathrm{m}^3$。除了常规天然气资源外，我国还有丰富的煤层气、页岩气等非常规天然气资源。据煤层气资源评价，我国埋深 2000 米以内的煤层气地质储量约 $36.8 \times 10^{12} \mathrm{m}^3$，可采资源量约 $10.8 \times 10^{12} \mathrm{m}^3$。据初步预测，页岩气可采资源量为 $25 \times 10^{12} \mathrm{m}^3$，与常规天然气资源相当。我国天然气资源丰富，但是探明程度较低，天然气生产不能满足国内需求。截至 2010 年年底，我国常规天然气累计探明地质储量 9.13×10^{12} m^3，剩余技术可采储量 $3.78 \times 10^{12} \mathrm{m}^3$，资源探明程度仅为 17.5%。煤层气探明地质储量 $2734 \times 10^8 \mathrm{m}^3$，2010 年煤矿瓦斯产量 $90 \times 10^8 \mathrm{m}^3$，其中地面开采煤层气 $15 \times 10^8 \mathrm{m}^3$。页岩气勘探开发还处于起步阶段。据中石油经济技术研究院《国内外油气行业发展研究报告》，截至 2015 年年底，我国天然气剩余探明可采储量为 $3.8 \times 10^{12} m^3$，页岩气剩余探明可采储量为 $626 \times 10^8 m^3$。

面对强劲增长的天然气需求，我国天然气生产增长缓慢，天然气消费中进口天然气所占比例不断上升。2013 年我国天然气产量 $1171 \times 10^8 m^3$，比上年增加 9.5%，占世界总产量的 3.5%。而天然气消费量为 $1616 \times 10^8 m^3$，比上年增加 10.8%，占世界消费总量的 4.8%。2013 年我国共进口天然气 $519 \times 10^8 m^3$，其中管道气 $274 \times 10^8 m^3$，LNG $245 \times 10^8 m^3$，进口占天然气消费总量的 32.1%，对外依存度比上年提高 3.3%（见图 4-1）。

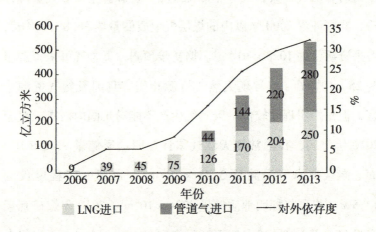

资料来源：中国石油经济技术研究院

图 4-1 我国天然气进口和天然气消费对外依存度变化

据国家发展改革委《天然气发展"十二五"规划》，2015年国产天然气供应能力达 $1760 \times 10^8 m^3$ 左右，其中常规天然其 $1385 \times 10^8 m^3$，煤制天然气 $150 \times 10^8 m^3 \sim 180 \times 10^8 m^3$，煤层气地面生产 $160 \times 10^8 m^3$，页岩气 $60 \times 10^8 m^3$。根据已经签署的合同，到 2015 年，我国进口天然气量约 $935 \times 10^8 m^3$，占天然气供应总量的 35% 左右。事实上，到 2016 年，我国天然气进口量 $733 \times 10^8 m^3$，天然气对外依存度达到 36%。

随着中国天然气消费量的快速增长，沿海一批 LNG 接收站和中亚、中缅、中俄天然气管道的建成投产、达产，进口天然气在我国天然气消费中所占的比例还将继续上升。

三、天然气储备需求上升

我国天然气消费总量、进口天然气所占比例双增长的同时，天然气消费结构也在发生变化，主要表现为城市燃气和发电用气在天然气消费总量中所占比例上升，工业燃料和化工原料用气所占比例下降。我国天然气消费中城市燃气、发电、工业燃料和化工原料用气在用气总量中所占的比例，2016 年分别为 41%、17.4%、28.9%、12.8%（见图 4 - 2）。城市燃气用气包括居民生活用气、工商业用气和交通用气，由于居民用气的不均衡和不可中断特点，城市燃气在用气结构中所占比例的上升, 对建设调峰和应急储备提出了更高的要求。

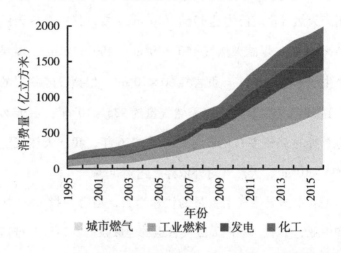

资料来源: 中国石油经济技术研究院

图 4 - 2　我国天然气消费结构变化

在天然气价格受到管制, 天然气供应总量和天然气储备不足的情况下, 我国政府和企业采取多种措施保障天然气供应。2012 年, 国家发展改革委颁布《天然气利用政策》, 主要根据不同用气特点把天然气利用领域分为城市燃气、工业燃料、天然气发电、天然气化工和其他用户; 同时, 综合考虑天然气利用的社会效益、环境效益、经济效益以及不同用户的用气特点等各方面因素, 根据 "保民生、保重点、保发展" 的原则确定天然气利用顺序, 把天然气用户分为优先类、允许类、限制类和禁止类。据《石油商报》报道, 2013 年中国石油采取多种措施确保冬季用气高峰期的安全稳定供应：一是积极引进国外资源，在确保安全的前提下，提前确保中亚天然气管道和西气东输二线具备进气条件；二是从海外组织采购液化天然气现货；三是调整供气结构，采取关停部分生产装置等措施，减少自用气量。下游城镇燃气经营企业采取的保供措施主要包括储备天然气、发展可中断用户、采购天然气现货、实行阶梯气价进行调节等。随着天然气价格改革逐步到位、更多储气设施建成投产，我国天然气调峰保供将更多依赖天然气储备而不是"限用"。

国家发改委于2016年12月颁布了《天然气发展"十三五"规划》，提出要围绕国内主要天然气消费区域，在已初步形成的京津冀、西北、西南、东北、长三角、中西部、中南、珠三角八大储气基地基础上，加大地下储气库扩容改造和新建力度，支持LNG储气设施建设，逐步建立以地下储气库为主，气田调峰、CNG和LNG储备站为辅，可中断用户调峰为补充的综合性调峰系统，建立健全由供气方、输配企业和用户各自承担调峰储备义务的多层次储备体系。其中，具体指标是在2020年年底，我国地下储气库累计形成工作气量148亿立方米，年均增速21.9%。

四、天然气储备需求量预测

很难准确预测中国的天然气消费需求，因为影响需求的因素是多方面的，例如价格，以及用来满足需求的供给。事实上，过去很多权威专家利用各种看上去非常科学严谨的数学模型对我国能源需求进行预测，现在看来预测结果与实际情况也相去甚远。天然气储备需求的测算可能更为复杂。一般来说，年用气量越大、峰谷差越大，需要的储气规模也越大。但天然气储备规模与天然气消费量并非直线相关，而是受到天然气供应来源、用气结构、气候条件、储气条件和调峰、应急需求等多种因素的影响。例如，用气结构中城市燃气和发电用气所占比例较高，用气峰谷差较大，调峰需求的储备规模就会较大。而多气源供气会降低天然气供应中断的风险，从而降低应急需求的储备规模。

从世界各国建设天然气储备的实践经验来看，各国供气来源、用气结构、储气条件不同，储气方式和储气规模也各不相同，并没有统一适用的标准。一般来说，天然气消费量越大、对外依存度越高的国家，越注重天然气储备建设，储备规模也越大。例如，日本天然气消费完全依赖 LNG 进口，其储备量可满足 80 天消费；欧盟天然气对外依存度为 61%，储备比例达年消费量的 15%，充足有效的天然气储备是保障欧洲抵御 2011 年冬天极寒天气的关键。在欧盟国家中，天然气消费对进口依赖程度较高的意大利和法国最早提出天然气战略储备的概念，法国建立了 100 天消费量的天然气储备；而英国认为其海上气田即为战略储备，只建立了 17 天消费量的商业储备。

我国地理纬度与美国接近，潜在市场规模与美国相当，美国天然气储备规模对我国更有参考意义。美国天然气消费对外依赖程度不足 10%，2013 年 LNG 进口量仅 $27 \times 10^8 \, m^3$，占其年消费量的 0.37%，主要储气方式是建设地下储气库，LNG储气可以忽略不计。美国天然气管道网络发达，长输管道总长度超过 40 万公里，大多数地区都能够实现多气源供气。美国天然气储备完全是市场行为，没有法律方面的强制性要求，其储备规模能够反映市场的真实需求。据 BP 能源统计，美国 2010 年到 2013 年的天然气日消费量分别为 66Bcf（2010）、67.1Bcf（2011）、69.8Bcf（2012）、71.3Bcf（2013）。据 EIA 数据，美国地下储气库储气能力约为 4500Bcf，高峰工作气量约为 4000Bcf（见图 4-3），地下储气库储气能力大约相当于美国天然气日消费量的 65 倍，年消费量的 18%。

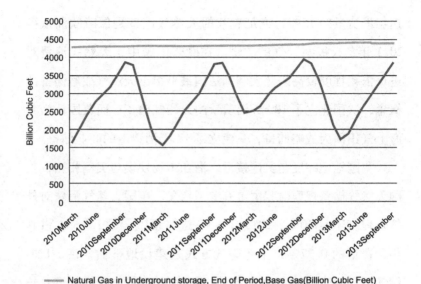

Natural Gas in Underground storage, End of Period,Base Gas(Billion Cubic Feet)

Natural Gas in Underground Storage, End of Period, Working Gas (Billion Cubic Feet)

数据来源：美国能源信息署油气办公室

图 4 - 3　2010 年 ~ 2013 年美国地下储气库工作气量变化

　　天然气储备量受市场供需调节，在不断抽取和注入过程中是一个变动的量。从图 4 - 3 可以看出，从 2010 年到 2013 年，美国地下储气库储气能力是一个稳定的量，但实际储气量随季节变化。每年 4 月份开始，储气库注气量高于采气量，储气量缓慢上升，10 月份达到储气最大值；11 月份开始，储气库采气量大于注气量，储气量缓慢下降，3 月份达到储气最低值。但即使是储气量最低的时候，工作气量也没有被完全动用，未动用工作气量大约占高峰储气量的 40%，2011 年冬季甚至达到 60%。美国没有强制性储备或者战略储备天然气的要求，未动用储备量是在市场条件下为了保证供气安全形成的，可以被看作是战略储备。从政府管理的角度来看，实际储气量的变化无常，使得对企业履行储气义务的情况进行考核变得十分困难。

据中国石油集团经济技术研究院测算，在基准情景下，2020 年和 2030 年我国天然气需求量为 $3500 \times 10^8 \mathrm{m}^3$ 和 $5000 \times 10^8 \mathrm{m}^3$；清洁低碳情景下，2020 年和 2030 年我国天然气需求分别为 $4000 \times 10^8 \mathrm{m}^3$ 和 $5500 \times 10^8 \mathrm{m}^3$。我国天然气消费对外依赖程度高于美国，2015 年为 30%，2020 年很可能超过 40%，甚至有专家认为将超过 50%。在我国进口的天然气中，进口 LNG 所占的比例也比美国高得多，2015 年进口 $262 \times 10^8 \mathrm{m}^3$，是美国进口 LNG 的 10 倍，占我国天然气进口总量的 44%。根据我国天然气供应情况和用气结构，我国储气能力建设规模应当略高于美国，达到 70 天 ~80 天的消费量，相当于年消费量的 20%。到 2020 年，如果我国天然气消费量为 $4000 \times 10^8 \mathrm{m}^3$，储气规模应为 $700 \times 10^8 \mathrm{m}^3$ ~ $800 \times 10^8 \mathrm{m}^3$；如果到 2030 年我国天然气消费量达到美国 2010 年的水平，即约为 $7000 \times 10^8 \mathrm{m}^3$，储气规模应为 $1400 \times 10^8 \mathrm{m}^3$。

第二节　我国天然气储备设施建设情况

目前，我国天然气商业储备初具雏形，战略储气库建设刚刚起步，主要是由三大石油公司建设，其中地下储气库建设以中石油、中石化为主，沿海 LNG 接收站和储运项目以中海油为主。中国石油经济技术研究院认为，未来我国将形成国家、天然气生产企业和城市燃气公司相结合，外资与内资、国企与民企共同参与，战略储备与商业储备兼有的天然气储备系统。

一、地下储气库建设

我国地下储气库建设起步较晚，"十二五"前，储气库建设、运营主体只有中石油一家，储气库类型为枯竭油气藏储气库，主要承担城市用气调峰功能，1969 年投产的第一座地下储气库工作气量仅 $0.17 \times 10^8 \mathrm{m}^3$。1997 年陕京管道系统建成投产，为了保障京津地区用气安全，中石油在大港油田规划建设了我国第一个大型储气库群，包括大张坨、板中北和板中南等六个储气库，设计库容 $30.3 \times 10^8 \mathrm{m}^3$，为京津地区冬季调峰、天然气保供发挥了重要作用。

2009 年冬季在全国范围内发生的"气荒"，暴露出天然气储备严重不足的问题。在党和国家领导人的高度重视下，天然气行业主管部门出台了一系列政策措施促进天然气储备建设。"十二五"期间，中石油新规划建设十三座油气藏型储气库，总库容 $453 \times 10^8 m^3$，设计工作气量 $184 \times 10^8 m^3$，预计到 2015 年可形成总工作气量 $170 \times 10^8 m^3$，占中石油天然气销售量的 10%，基本满足下游市场调峰需要。中国石化结合川气东送和榆济线工程，对中东部油气田和川西气区比较全面系统地开展了储气库选址筛查工作，在此基础上规划"十二五"期间重点建设中原文96、中原文23、江苏金坛、江汉黄场等储气库，并已纳入国家《天然气发展"十二五"规划》。其中，中原文96 储气库已建成注气，江苏金坛盐穴储气库正在建设，中原文23 和江汉黄场储气库正在开展可行性研究等前期工作（见表4-1）。

近年来，储气库建设主体呈现多元化趋势，带动了储气库类型、用途的多样化。中石油与中盐金坛合作，将五口老腔成功改造成盐穴储气库，又完成六口新井的造腔工作。一期完工后，金坛储气库工作气量将达到 $5 \times 10^8 m^3$。除中石油金坛储气库外，中石化、港华燃气均在金坛开展盐穴储气库的前期工作。2013 年，有四座大型地下储气库建设达到注气条件，新增设计储气能力 $107 \times 10^8 m^3$。但是，由于地下储气库建设有一个逐步达产的过程，截至 2013 年年底全国地下储气库已建

成储气能力仅 $28.6 \times 10^8 \text{ m}^3$，占当年全国天然气消费量的 1.7%（见表 4 - 2）。

表 4 - 1　我国地下储气库部分项目建设进度

名称	设计库容 ($\times 10^8 \text{ m}^3$)	设计工作气量 ($\times 10^8 \text{ m}^3$)	建设规划	目前进展	管理单位	备注
辽河双6、华北苏桥、大港板南、西南相国寺、新疆呼图壁、长庆陕224 等6座储气库	453	184	2013 年 6 月开始陆续具备注气条件	已于 2011 年开工建设	中石油	总投资918亿元（含垫气费515亿元）
吉林长春和双坨子、长庆陕43、苏203、苏东、华北兴9 等7座			2013 年 9 月陆续启动现场建设，2014 或 2015 年可建成注气	正在开展前期研究和设备提前订货	中石油	
湖北云应、河南平顶山、江苏淮安、楚州、湖南衡阳等5座盐穴储气库			预计"十三五"开始形成工作气量	前期研究和先导性试验	中石油	

续表

名称	设计库容 ($\times 10^8 m^3$)	设计工作 气量 ($\times 10^8 m^3$)	建设规划	目前进展	管理单位	备注
华北地区大五、梅厂水层等含水层储气库				前期研究、合作交流等技术储备	中石油	
中原文23储气库	104	45		方案论证	中石油、中石化合建	
金坛盐穴储气库	11.79	7.23	2023年全部建成投产	采卤造腔阶段,一阶段于2015年建成投产	中石化	
江汉黄场（湖北潜江）	4.2	2.5		造腔试验	中石化	
江苏盐城朱家墩、东北吉林孤家子、广东三水、江苏淮安				重点论证可行性及具体方案	中石化	
合计	573	239				

数据来源：中石油、中石化公司于 2013 年 5 月 8 日储气库建设进展情况汇报。

表4-2   我国主要地下储气库建设情况

储气库	所属公司	地点	类型	设计库容($\times 10^8 m^3$)	设计工作气量($\times 10^8 m^3$)	已形成工作气量($\times 10^8 m^3$)	最大注入率($\times 10^4 m^3$/日)	投产时间
喇嘛甸	中石油	大庆	枯竭		1.00	已废弃	-	1975年
大张坨	中石油	大港	枯竭	17.8	6.00		320	
板876	中石油	大港	枯竭	4.7	1.9		100	
板中北	中石油	大港	枯竭	24.5	11.0		300	1999年起陆续投产
板中南	中石油	大港	枯竭	9.7	4.70	18.4	225	
板808	中石油	大港	枯竭	8.2	4.17		360	
板南	中石油	大港	枯竭		5		240	
板828	中石油	大港	枯竭	4.7	2.57		360	
京51	中石油	华北	枯竭	1.3	0.60		-	
京58	中石油	华北	枯竭	8.1	3.90	4.2	-	2010年
永22	中石油	华北	枯竭	6.0	3.00		-	
刘庄	中石油	江苏	枯竭	4.5	2.45	1.9	-	2011年
文96	中石化	中原	枯竭		2.95		-	2012.09
双6	中石油	辽河	枯竭		16		-	2013.01
呼图壁	中石油	新疆	枯竭	117	45	2.6	1123	2013.07
相国寺	中石油	重庆	枯竭		23		1380	2013.06
苏桥	中石油	华北	枯竭	67.4	23	0.2	1300	2013.06
金坛	中石油	江苏	盐穴	26	17.20	1.3	-	2007年
云应	中石油	湖北	盐穴		6			2015
合计				299.9	179.44	28.6		

资料来源：中国石油（CNPC）。

二、LNG 储备设施建设

（一）LNG 接收站

截至 2016 年年底，全国已累计投产 LNG 接收站超过十座（见表 4–3），一期接收能力合计 4590 万吨/年，设计储罐规模 $611 \times 10^4 \mathrm{m}^3$。通常，LNG 接收站的储罐主要用于保障接收站正常生产运转，只具有部分调峰和应急功能，可以根据需要和场地条件规划建设主要用于调峰和应急储备的 LNG 储罐。

表 4–3　我国已建成 LNG 接收站项目

项目名称	储罐规模（$\times 10^4 \mathrm{m}^3$）	周转能力（$\times 10^4 \mathrm{t/a}$）	投产时间	所属公司
广东大鹏 LNG	16×3	700	2006.6	中海油
福建莆田 LNG	16×4	600	2008.5	中海油
上海洋山港 LNG	16.5×3	300	2009.10	中海油
江苏如东 LNG	16×3	350	2011.6	中石油
辽宁大连 LNG	16×3	300	2011.11	中石油
浙江宁波 LNG	16×3	300	2012.9	中海油
珠海金湾 LNG	16×3	350	2013.10	中海油
河北唐山 LNG	16×4	350	2013.12	中石油
天津浮式 LNG		220	2013.12	中海油
山东青岛 LNG	16×4	300	2014	中石化
天津 LNG	3×2	220	2013	中海油

续表

项目名称	储罐规模 （$\times 10^4 m^3$）	周转能力 （$\times 10^4 t/a$）	投产时间	所属公司
海南洋浦 LNG	16×2	300	2014	中海油
广西北海 LNG	16×4	300	2016	中石化
合计	611.5			

注：数据截至 2016 年年底。

从 2006 年到 2016 年，我国 LNG 接收能力年均增长超过
350 万吨。未来几年，我国 LNG 接收能力还将加速增长。根据
在建项目统计，未来 3～4 年内，我国还将新增超过 4000 万吨
的年接收能力，年均增量超过 1000 万吨（见表 4-4）。预计
到 2020 年年末，累计一期设计接收能力将达到 9000 万吨
以上。

表 4-4 我国在建、规划 LNG 接收站项目

项目名称	所在位置	所属公司	一期设计 能力 （$\times 10^4 t/a$）	投产 年份
广东迭福 LNG	深圳大鹏新区迭福片区	中海油	400	2017
广东粤东 LNG	粤东揭阳惠来县	中海油	300	2017
天津南港 LNG	天津南港开发区	中石化	3000	在建
辽宁营口 LNG	辽宁营口	中海油	300	在建
江苏连云港 LNG	江苏连云港	中石化	300	在建
江苏滨海 LNG	江苏盐城市滨海县	中海油	300	在建

续表

项目名称	所在位置	所属公司	一期设计能力（×10⁴t/a）	投产年份
浙江舟山 LNG	浙江舟山	新奥集团	300	在建
福建福清 LNG	福建福清	中石油	300	在建
广东汕头 LNG	广东汕头南澳县	中国国电	250	在建
广东茂名 LNG	广东茂名	中石化	300	在建
中石油深圳 LNG	深圳大鹏	中石油	300	已完成核准
粤西 LNG	广东湛江	中海油	300	筹备中
辽宁锦西 LNG	辽宁锦西	中石油	300	筹备中
河北秦皇岛 LNG	河北秦皇岛	中海油	200	筹备中
澳门 LNG	珠海黄茅岛	中石化	200	筹备中

资料来源：中国石油经济技术研究院，数据截至2016年年底。

（二）LNG转储中心

随着大量 LNG 接收能力投产，站内 LNG 商业储存、中转环节商业储存、城市燃气储气调峰 LNG 储存日益受到广泛重视。目前，我国各大型 LNG 接收站一期设计尚无确保基荷供应以外的商业储存，可在现货 LNG 低价时吸纳、高价时释放的商业储备有较大发展空间。尤其是中小型 LNG 接转储运中心，年接收能力较小，审批流程较为简单。如果项目与已有的大型 LNG 接收站接驳，也不涉及进口审批，因此受到广泛关注。

2013 年以前，我国仅有上海五号沟和东莞九丰两个项目投产，年接转能力合计 150 万吨。目前我国在建、报批和拟建的 LNG 接转储运中心项目有十余个（见表 4 - 5），投资主体除中石油、中海油外，申能、九丰、广汇等地方能源公司、民营企业表现出了投资建设的积极性。

表 4 - 5　我国部分已建、在建、拟建 LNG 接转储运中心

项目名称	所在位置	所属公司	设计能力 ($\times 10^4 t/a$)	项目 状态	投产 年份
五号沟 LNG	上海	申能	50	已建	2008
九丰 LNG	东莞红梅沙田镇	九丰	100	已建	2012
深南 LNG	海口澄迈县	中石油	50	已建	2013
防城港 LNG	广西防城港	中海油	60	开工准备	2014
启东 LNG	南通港吕四港区	广汇	60	前期	待定
福建江阴 LNG	福建江阴牛头尾港	中石油	10	拟建	待定
深圳燃气 LNG	深圳大鹏	深圳燃气	80		
宁德 LNG 转运	福建宁德	中海油	80	拟建	2018

资料来源：中国石油经济技术研究院。

（三）LNG 调峰储运中心

除了上述中小型 LNG 接转储运项目，中海油已经规划了一批大型 LNG 调峰储运中心（见表 4 -6），具体进展情况如下。

福建 LNG 应急储备调峰储罐项目。该项目拟在福建秀屿 LNG 接收站一期现有四个储罐的基础上扩建 2 个 $16 \times 10^4 m^3$ 储

罐，并于 2012 年 12 月 20 日获得国家能源局路条。目前，该项目正在开展可行性研究工作，可研报告已于 2013 年年初通过中海油总公司投委会的审查。

浙江 LNG 调峰储运中心项目。该项目拟依托浙江宁波 LNG 接收站六座 LNG 储罐（一、二期各三座），根据天然气市场需求、国家政策及社会经济发展等情况，适时分布新建十四座储罐，LNG 储存能力达 $224 \times 10^4 \, m^3$ 以上，最终建成浙江省乃至华东地区天然气储备体系。目前，该项目正在开展预可行性研究工作，项目路条申请 2012 年 11 月 1 日报国家能源局。

珠海 LNG 调峰储运中心项目。该项目拟在珠海 LNG 项目一期工程三个储罐的基础上进行扩建，通过分步实施，远期达到十五座 LNG 储罐的规模，总库容约为 160 万吨 LNG。目前，该项目正在开展预可行性研究工作。

海南 LNG 调峰储运中心项目。该项目拟在远期依托现有海南 LNG 项目，通过增建 LNG 储罐，将海南 LNG 建设成为拥有 18 个储罐、年储运能力达 1000 万～1500 万吨的东南亚 LNG 仓储及转运中心。目前，该项目正在开展预可行性研究工作。

表 4-6　中海油 LNG 调峰储运项目

项目名称	接收站储罐容量（$\times 10^4 m^3$）	规划新建储罐容量（$\times 10^4 m^3$）	项目进度	备注
福建 LNG 应急储备调峰储罐项目	4×16	2×16	已获国家能源局路条，可研报告已通过审查	
浙江 LNG 调峰储运中心项目	6×16	14×16	预可行性研究，路条申请已报国家能源局	华东地区储备
珠海 LNG 调峰储运中心项目	3×16	远期扩建12 座，总库容 160 万吨 LNG	预可行性研究	
海南 LNG 调峰储运中心项目	2×16	共 18 座储罐，年储运能力 1000 万~1500 万吨 LNG	预可行性研究	东南亚 LNG 仓储及转运中心

数据来源：中国海油储气设施专题会议材料，2013 年 5 月 8 日。

（四）城市 LNG 储备

与过去城市燃气企业广泛使用的高压球罐储气相比，LNG储罐具有储气量大、占地面积小、安全系数高等优点。随着我国 LNG 进口量增加和 LNG 在天然气供应中所占比例上升，城市利用 LNG 储备进行调峰，既有了可能性，也非常必要。目前，我国 LNG 储备调峰能力仍相对较小，除了 LNG 接收站配套建设的储存装置，城市燃气企业正成为 LNG 储备的中坚力量。北京、上海、深圳、长沙、武汉、西安、成都等多个城市都已经建成一定量的 LNG 储备站，规模在几百立方米至十几万立方米之间（见表4-7）。

表4-7 部分城市 LNG 储备建设情况

项目名称	储罐库容（$\times 10^4 \mathrm{m}^3$）	项目状态	管理单位	投产时间
山东淄博杨寨 LNG 站	0.12	已建	淄博燃气	2000
江西九江储备气化站	0.04	已建	深圳燃气	2004
江西赣州 LNG 储备气化站	0.09	已建	深圳燃气	2004
福建石狮 LNG 储备站	0.02	已建	泉州燃气	2007
西安秦华 LNG 应急调峰站	0.35	已建	西安秦华天然气公司	2008
杭州西部 LNG 应急气源站	0.495	已建	杭州燃气	2011
湖南邵阳江北 LNG 储备站	0.6	已建	——	2011
北京次渠 LNG 储备站	0.06	已建	北京燃气	2012
长沙新奥星沙储备站	2	已建	新奥燃气	2012
江苏常州 LNG 储备气化站	0.09	已建	港华燃气	2012
安徽宣城 LNG	0.18	已建	深圳燃气	2013
海口 LNG 储备站	4	已建	中海油	2013
武汉 LNG 储备库	2	已建	——	2013
成都 LNG 应急调峰储备库一期	1	在建	成都城建	2014
陕西杨凌 LNG 应急储备站	6	在建	陕西燃气	2014

续表

项目名称	储罐库容 ($\times 10^4 m^3$)	项目 状态	管理单位	投产 时间
杭州东部 LNG 应急气源站	1	在建	杭州燃气	2015
上海五号沟 LNG 储备二期扩建	20	在建	申能集团	2016
西安 LNG 应急储备调峰项目	10	环评	陕西 LNG 投 资发展公司	待定
深圳天然气储备与调峰库项目	8	环评	深圳燃气	2016

三、省、直辖市、自治区天然气储备设施建设

2013 年 6 月，国家能源局对各省、自治区、直辖市进行 2012 年度天然气利用及储备情况调查，调查内容包括用气总量、气源结构、用气结构、调峰需求、储气设施建设情况及规划等（见表 4 - 8、表 4 - 9）。

表 4 - 8　部分省、区、市现有天然气储备能力

单位：$\times 10^6 m^3$

省区市 (名称)	天然气 消费总量	地下 储气库	LNG 储罐	高压气罐 和管道	LPG-空气 混合气	可中断 用户	调峰 能力	应急 能力
安徽	2700		25	28		70	40	12
北京	9200		70	200			300	300
重庆	7200		3	100			70	70
广东	10000		64					
黑龙江	3520	130	0	0.2	0	297	130	297

续表

省区市 （名称）	天然气 消费总量	地下 储气库	LNG 储罐	高压气罐 和管道	LPG-空气 混合气	可中断 用户	调峰 能力	应急 能力
河北	4550	0	1.2	160	0	0		
河南	6000	290	3.6	5		4	4	8
湖南	2032	0.265	1.6	1.32	0	0.1		
湖北	2740		12	5		223	5	12
海南	4821	0	27.44	2.35	4.12	0		
吉林	2270		0.05	0.5		45	0.55	
江西	653			1.74		0.12	0.93	2.01
辽宁	4220	0.4	18	2.9	0.3	0.1	4.4	3.8
宁夏	2286						2.7	
青海			100			5	50	9
上海	6500		369	1	0.3	770	1.45	150
陕西	4460	0	0.46	0	0	0.5	0.46	0.5
四川	13300			1.35				
天津	2620					滨海燃 气电厂		
浙江	4720		0.49	685公里				

数据来源：国家能源局2012年度天然气利用及储备情况调查。

表4-9 部分省、区、市天然气调峰
应急能力建设规划目标（2013～2017）

单位：$\times 10^6 m^3$

省区市 （名称）	地下 储气库	LNG 储罐	高压气罐 和管道	LPG－空 气混合气	可中断 用户	调峰 能力	应急 能力
安徽		280	120			300	80
北京	无			无	无		
重庆	1000	78	161				
广东		＞272					
黑龙江	1130	100	0.4	0	297	1230	297
河北	23	40	3	0	0	240	
河南	6100	90	100		5	100	195
湖南	2.41	18.9	1.06	0	0.15		
湖北	120	100	8		1410	8	220
海南	0	109.72	6.04	4.71	0		
吉林	0～1000	0.05～ 200	0.5～15	0～50	45～50	1200	100
江西		40.625	3.67		1.5	2.82	3.95
辽宁	1600	31.3	8.9	0.3		8.8	3.4
宁夏			有			8	无
上海		786	1	0.3	200	3	300
山西						50	
陕西	0	96	32	50	15	128	97
四川							

省区市 （名称）	地下 储气库	LNG 储罐	高压气罐 和管道	LPG－空 气混合气	可中断 用户	调峰 能力	应急 能力
天津	400	$4 \times 16 \times$ $10^4 m^3$ 储配站			滨海燃 气电厂	160	
浙江		$1.25 \times$ $10^4 m^3$ 罐容	1700 公里				

数据来源：国家能源局 2012 年度天然气利用及储备情况调查。

第三节 我国天然气储备设施的运营情况

一、运营模式

由于储气库建设耗资巨大，缺乏相应的价格引导和投资回收机制，天然气企业投资建设储气库的积极性不高，商业模式投资有限。目前已经建设运营的储气库，大多作为管道系统或者 LNG 接收站的一部分，由管道系统或者 LNG 接收站运营企业管理运营，不独立经营储气业务，也不对系统外开放储气服务。根据投资主体和投资回收渠道不同，储气库建设运营模式主要有以下几种。

1. 上游企业建设运营。由于我国天然气行业上中游一体

化的行业结构，上游企业资本实力雄厚，掌握天然气资源、管
道系统和 LNG 接收站，以及建设地下储气库的主要资源——
枯竭油气藏，因此上游企业投资运营是我国储气设施建设的主
要模式。同时，由于天然气现货市场不发达，储气库无法独立
运营，通常被作为管道系统或者 LNG 接收站的一部分，不实
行独立核算。例如，中石油大港储气库群和华北储气库群，被
作为陕京管网系统的组成部分，负责京津冀地区季节调峰供
气、应急保障供气和日常削峰填谷平衡管网压力三大任务，分
别由中石油北京天然气管道公司大港储气库分公司和华北储气
库分公司管理。

2. 下游企业建设运营。为了满足城市安全供气需要，同
时面临天然气现货市场的价格压力（常常达到 5 元/M³），下
游城镇燃气经营企业也采取多种方式储备天然气。例如，上海
曾经在位于浦东新区的北蔡镇建设了包含十座大型球罐的储配
站，用于天然气小时调峰。后来随着高压管网逐步成型，上海
的气源构成和管网布局发生了巨大变化，小时调峰手段转向以
气源调节和高压管道储气为主，考虑到高压球罐维护要求高等
因素，于 2009 年退出了运行。山东淄博市煤气公司 2000 年就
在淄川区杨寨镇建设了含 12 个 100 方 LNG 储罐的液化天然气
站，一次储存液化天然气折合气体 $62 \times 10^4 \, m^3$，除了为本市供

气,还可为周边城市应急调峰。深圳市已经开工建设一个小型 LNG 接收站项目,储罐容积 $8 \times 10^4 \mathrm{m}^3$,可以满足深圳市 10 天的应急储备和最高 $24 \times 10^4 \mathrm{m}^3/\mathrm{h}$ 的调峰需求,非调峰期间还可以承担深圳及周边的 LNG 槽车供应业务,计划于 2018 年年初建成投产;同时深圳求雨岭天然气安全储备库已于 2016 年建成投产,该项目包含最大储存量 $2 \times 10^4 \mathrm{m}^3$ 的 LNG 低温储罐一座,及 $10 \times 10^4 \mathrm{m}^3/\mathrm{h}$ 的 LNG 气化装置以及 30 万 Nm^3/d 的天然气液化装置。

3. 合作建设运营。合作建设运营可以在合作各方之间分摊储气库建设运营成本,降低商业风险;实现储气库建设资源有效利用,共享储气库库容或收益。储气库建设运营合作有上下游企业之间的合作,也有天然气企业与行业外企业之间的合作。例如,运营管理大港储气库群和华北储气库群的中石油北京天然气管道公司,即为中国石油天然气集团公司与北京市人民政府于 1991 年 7 月 12 日共同出资组建。港华储气有限公司是港华投资公司下属的专门负责储气业务的一家独立法人企业,2010 年与中国盐业金坛公司签订战略合作协议,2013 年正式签订租赁合同,合作建设地下盐穴储气库。金坛盐业公司负责溶盐造腔,租赁给港华储气公司作为储气库使用,按约定收取租金;港华公司负责储气库经营,为周边城市提供天然气调峰和应急储气服务，承担经营风险，享有经营收益。

二、运营效益

由于储气设施现在主要作为输配管网系统或者 LNG 接收站的一部分起保障作用，并不按照市场原则独立经营核算，因此无法准确测算储气库建设运营的经济效益。事实上，在长期供气合同和固定价格制度下，现货交易市场不发达，储气价值难以体现，储气库的主要作用是保障供应安全，发挥社会效益。

第四节　我国天然气储备能力建设的问题分析

目前，我国天然气储备能力建设存在的问题，主要表现为储气设施建设滞后，储气能力不能满足保供需求；储气库偏离消费中心，地区分布不合理；储气设施缺乏独立盈利能力。导致这些问题出现的原因，除了建库资源条件差、建库技术水平低之外，更重要的是市场垄断、保供责任不明确、价格机制不合理，缺少鼓励储气设施建设的市场机制。2013 年储气设施建设的"大跃进"，充分说明建库资源和技术不是阻碍我国天然气储备能力建设的主要问题。

一、保供责任不明确

建设储气设施目的是储备天然气，满足调峰和应急需要，保障供气安全。调峰和应急保障是下游用户的需求，主要来自城市燃气的居民生活用气。《城镇燃气管理条例》第17条规定，燃气经营企业对用户有保供义务，即"应当向燃气用户持续、稳定、安全供应符合国家质量标准的燃气"。但是，《城镇燃气管理条例》在法律责任部分却没有明确规定燃气经营企业的供气标准和未按标准供气的法律责任。没有法律责任作为外在压力，城镇燃气经营企业很难有建设天然气储备以避免承担责任的内在动力。

即使城镇燃气经营企业希望建立天然气储备以履行保供义务，由于供气规模有限、不掌握储气库建设资源、缺少资金实力，也很难成为储气库建设的主力。上游企业由于其在供气规模、建库资源、资金技术条件方面的优势，应当承担起储气设施尤其是大型储气库建设的责任。然而，在2014年国家发展和改革委员会《天然气基础设施建设与运营管理办法》颁布之前，上游企业既没有法定的保供义务，也没有合同义务约束。在天然气销售价格受管制的条件下，建设天然气储备也没有储气盈利空间。因此，上游企业既没有建设储备的外在压力，也没有建设储备的内在动力。

二、价格机制不合理

在垄断的市场结构下，我国对天然气销售实行政府管制价格，上下游企业根据政府定价签订长期供气合同。国家发展和改革委员会2013年《关于调整天然气价格的通知》规定，页岩气、煤层气、煤制气出厂价格以及液化天然气气源价格要放开，由供需双方协商确定。按照《天然气发展"十二五"规划》，到2015年，这部分天然气约占我国天然气供应总量的1/3。问题在于，供气来源的多样化，并不等于供气主体多元化。以北京为例，已经实现了供气来源多样化，包括陕北气、新疆气、中亚气、唐山LNG、内蒙煤制气，但供气商还是中石油一家公司。在垄断的市场结构下，很难实现价格机制转型。

2013年6月以前，天然气定价方式是"成本加成"，天然气销售价格等于井口价格加上管输价格。政府确定的井口气价和管输价格，都是单一价格，调峰成本被分摊到所有的气量价格中，没有调峰气价，也没有"两部制"管输价格。2013年6月以后，天然气销售实行"市场净回值"定价，总体上理顺了天然气和替代能源之间的价格关系，但并没有改变单一价格模式。甚至，由于把价格管制环节从井口推到城市门站，管道运输"两部制"价格也不能再影响下游用气成本。由于实行单一价格，下游企业不均衡用气无须支付更高的成本，上游企业也不能从储气调峰中获得更多收益，加剧了用气峰谷差，不利于鼓励天然气储备建设。

管道运输价格是下游用气成本的重要组成部分。和世界绝大多数国家一样，我国对天然气管道运输实行政府定价，但在政府公布的管输价格中，包含储气库建设费用，却没有明确规定管输企业的储气责任。也就是说，无论管输企业是否实际建设了储气库并承担了调峰储气责任，都可以收取包含了储气费的管道运输费用，现行管输价格机制不能鼓励管输企业建设储气库。虽然从理论上来说，管道企业建设储气库可以充分发挥管道运输能力，增加按照运量收取的管输费收益，但储气库建设投资巨大，气源受制于上游企业，单纯的管输费收益很难弥补储气库建设成本，管输企业不具有建设储气库的内在动力。

三、储气库建设资源条件较差

总的来看，我国油气田多分布在中西部地区，而消费市场处于中部和东部沿海地区。中东部地区油气藏型储气库资源较少，地质构造复杂，盐矿、含水层等地质条件较多，但勘探程度较低，需要加大普查筛选力度。

东部地区是天然气传统的主要消费区，但是东部地区的地质条件确是断陷盆地形成复杂破碎的断块构造，再加上储层复杂多变的陆相河流相沉积，致使浅层难以寻找到合适的储气库构造。同时，由于东部地区的气藏少，也没有足够的气田用于建库，而利用复杂储层油藏来进行改建储气库的经验尚不成熟，储气库的建设存在较大的难度。因此，如何利用复杂断块油气藏来改建地下储气库，这是我国储气库建设面临的技术挑战。

在南方，中小型盆地储盖组合复杂，使含水层储气库建设面临着很大的困难，低幅度小构造的水层建库技术面临挑战。这方面困难主要体现在南方中小型盆地缺乏完整的含水层构造，非含油气构造的储盖组合不完整，储层条件较差，不适合建库；而且油气勘探中对水层的构造研究不深入，给水层构造研究带来了较多的困难，这也增加了勘探的难度，延长了建库周期。

中国总体的盐层资源丰富但是建储气库的条件却不理想，主要是盐层总厚度大，单层厚度却较小，可供集中开采的厚度一般不到300 m；在可以集中开采的层段中含有大量的夹层，一般盐层品位为50% ~ 80%。如果利用这一类盐层来建库，腔体的密封性和稳定性方面都存在着一定风险。

四、储气库的建造技术有待突破

中国地下储气库的建设工作起步较晚。大庆油田在 20 世纪 70 年代曾经尝试利用气藏建设储气库，到了 20 世纪 90 年代初，我国才算真正开始研究地下储气库。随着陕甘宁大气田的发现和陕京输气管线的建设，因为要确保北京、天津两大城市的供气安全，地下储气库才正式列入建设日程。目前，我国利用气藏改建地下储气库的技术已经基本成熟，但在油藏改建储气库、盐穴储气库和含水层储气库建造技术方面，还需要进一步探索研究，需要新的突破。

我国利用气藏改建地下储气库的技术较为成熟。在气库的选址评价方面，中国石油勘探开发研究院廊坊分院牵头，与华北油田、大港油田等单位联合研究，自 1992 年开始进行储气库的库址评价，目前已经完成了三座储气库评价。这方面的实践已经证明了现有储气库库址选择的科学性、合理性。在气库的设计与实施方面，目前国内三座储气库的设计基本都达到了预期的设计指标。在工程建设方面，目前的三座地下储气库已经顺利建设完成，建库过程中应用了多种工程技术，已经形成了部分特色技术。

利用枯竭油藏来改建地下储气库的技术正在摸索之中，技术发展有待完善。我国于 2001 年首先开始系统研究利用油藏改建地下储气库的建库技术，目前已经取得了部分成果。针对陕京输气管线、忠武输气线的油藏目标改建地下储气库进行了一系列的基础研究，在方案设计、注排机理、渗流机理、建库方式、建库周期、井网部署等方面取得了突破。

盐穴储气库的建设研究也取得了长足的进步。利用盐穴来建设地下储气库的研究始于 1998 年，完成了在金坛等地建设盐穴地下储气库的可行性研究，同时在地址选区、区块评价、溶腔设计、造腔控制、稳定性分析、注采方案设计、钻完井工艺等多方面获得了一批研究成果和技术手段。目前，经过多年的努力，金坛储气库一期工程已经顺利建成投产，这是我国建设的第一座盐穴储气库，也是西气东输工程的重要配套项目，同时也是亚洲第一个地下盐穴储气库。金坛储气库的建设投产为我国利用盐穴进行油气储备积累了宝贵的技术经验。

含水层储气库的研究则是刚开始起步，有待深入。近年来有不少专家对含水层建设储气库进行了一些理论探讨和基础研究，具体的含水层目标也正在筛选之中。

第五章

我国城市天然气储备建设实践经验

　　我国地域辽阔，南北东西的跨度大，地域特点导致不同类型天然气用户的用气特征也不尽相同，其月、日、时用气量变化千差万别。总的来看，调峰储备需求与用气结构和气候相关，居民用户调峰需求较大，工业和汽车用户用气量比较平稳；南方地区的夏季制冷需求强烈，是以最大日调峰负荷为主；而北方地区的冬季需要集中供暖，季节调峰的压力较大。本章选取了北京、上海、深圳、香港四个城市，分别介绍其城市燃气保供和天然气储备建设方面的实践经验。

第一节　北京市天然储备建设实践经验

一、北京市天然气发展基本情况

　　截至 2015 年年底，北京市天然气消费总量已经达到146 × $10^8 m^3$，占一次能源消费的比例达到了 29%。天然气已广泛应用于采暖、民用、工业、商业和车用气领域，天然气管网已延伸至我市全部郊区县。目前，北京市已经成为全国居民天然气用户最多、燃气普及率最高、用气规模最大的城市。

经过几十年的发展，北京市天然气供应和使用呈现以下特征：（1）冬夏季峰谷差大，用气峰谷差超过 12:1；（2）消费量受气温影响较大，冬季气温降低 1 度，天然气量增加 $150 \times 10^4 m^3/d$，相当于国内中等城市一天用气量；（3）天然气消费刚性需求显著，北京市用气结构中，居民用气占比 12%，公共服务用气占比 6%，采暖用气占比 38%，热电厂用气占比 36%，汽车和工业用气及趸售占 8%，其中，不可中断用户刚性需求占比超过 90%；（4）天然气保障度要求高，天然气采暖占北京市供热面积的 70%，天然气发电占北京市本地发电量的 38%。作为城市基础能源和其他相关产业的燃料来源，天然气在北京市一次能源消费中所占比例已由 7.1% 提高到 16%。

根据规划，预计 2020 年将突破 $200 \times 10^8 m^3$，在北京市能源结构中的比例达到 33%。

二、北京市外部气源保障情况

目前，北京地区天然气主要源自中石油长庆气田、新疆鄂尔多斯、中亚进口气和曹妃甸液化天然气及内蒙大唐煤制天然气。已经形成国产与进口天然气、陆上与海上天然气、常规气与非常规气并存的多气源供气保障格局。2015 年，北京市天然气用气量约 146 亿立方米，在一次能源消费结构中所占比例达到 29%。在长输供应方面，北京市已经建成陕京一线、二线、三线和地下储气库输气系统，初步形成了"3 + 1"的输气格局。在"十三五"期间，北京将加快推进"陕京四线""中俄东线"等气源工程，建设京津冀"一张气网"；完善京津冀地区储气调峰和应急气源的建设，增强供气保障能力。

三、北京市天然气储备情况及存在问题

首先，由于北京市天然气冬夏峰谷差距较大，按照北京市天然气的需求及天然气负荷不均匀系数情况测算，地下储气库储量应为我市天然气供应量的 20% ~ 30%。目前，通过上下游的共同努力，北京市天然气储备基本能够满足当前调峰需求。未来，随着北京市锅炉煤改气工程的推进和四大热电中心的陆续投运，用气峰谷差还将进一步扩大。因此，北京市将来的天然气季度调峰将主要通过上游的大港储气库群和华北储气库群解决。2020 年北京市季节调峰量约 50 亿立方米，大港储气库群和华北储气库群工作气量约 37 亿立方米，不足部分通过唐山液化天然气及上游资源调度共同解决。

2012 年 9 月，北京次渠 LNG 储备站投产运行启动。次渠储备站与通州次渠门站一墙之隔，拥有一座容积为 $600m^3$ 的

LNG 储罐。该站是北京首座 LNG 储备站。受 2013 年暖冬影响，北京市没有出现往年的用气紧张情况，因此，次渠 LNG 储备站尚未发挥其应急储备作用。在"十二五"期间，北京还建成了西集液化天然气（LNG）应急储配站、小屯和潘家庙液化天然气（LNG）中转站，提升了应急保障能力。

目前全市天然气应急储备能力仅为 450 万立方米，相当于 2014 年高日用气量的 6%、均日用气量的 15%，未达到《天然气基础设施建设与运营管理办法》中的要求。随着大气环境治理和燃煤替代，未来北京市天然气发电比例将达到 90% 以上，天然气供热比例将超过 85%。一旦天然气供应出现问题可能引发大面积停电、停热风险。因此，北京目前正在积极开展地下储气库的前期调研工作。

其次，目前北京市上游天然气资源供应由中石油保证，并且冬季季节调峰、日调峰和应急储备也全部依赖于中石油。但是，鉴于北京市特大城市运行安全的特点，自身也需要具备应急保障手段，在市内突发性输配故障或极端天气状况下，以应对天然气小时调峰和事故调峰的需要。

最后，目前国内还没有针对储气库成本的核定，在已有价格政策价格中尚未反映储气成本，因此，造成企业投资储气库建设风险大，积极性不高；此外，受进口 LNG 价格及国内天然气价格上涨的双重影响，未来储备成本将会持续上升，在目前的天然气价格机制中缺乏合理的传导渠道，令运营企业难以承受。

四、天然气储备政策建议

（1）为保障北京市冬季用气高峰期安全供应，应尽快协调中石油落实规划、加快地下储气库建设满足需要。

（2）为解决北京市突发性输配故障和极端天气带来的天然气需求压力，建议在北京市辖区东、南、西、北四个方向建设液化天然气应急安全储备厂。液化天然气应急安全储备厂建成投产后，将为北京市天然气供应安全提供充分保障。建议北京市有关部门加快规划选址和项目审批相关事宜。

（3）建议政府确定合理的储备量的基础上，将储备成本纳入天然气终端销售价格中，实现合理的传导和分担。

（4）建议在严格界定上下游的调峰储备义务的基础上，开展储备成本核定研究。

第二节 上海天然气储备建设实践经验

上海在国内最早使用 LNG 储气，就 LNG 用于调峰、储气

和应急保障积累了一些经验，也遇到了一些问题，并且正在对
完善 LNG 储气设施的建设和运行管理开展进一步的探索。

一、上海 LNG 储备建设情况

1999 年东海平湖天然气项目投产，揭开了上海天然气发
展的序幕。由于海上天然气生产易受台风、检修等因素影响而
中断，上海从供应之初就高度重视天然气储备问题。2004 年
后，随着"西气东输"等项目逐步投产，上海的天然气供应
规模不断扩大。2013 年年末，全市天然气供应量已达 70×10^8
m^3 左右，在上海一次能源消费结构中的占比上升至 10%，保
障特大型城市的供气安全面临巨大的挑战。上海位于西气、川
气等长输管线的末端，随着沿线市场的发展，上游可提供的调
峰能力日趋有限。在地质条件无法满足地下储气的客观现实
下，上海最为可行的储备手段就是液化天然气（LNG）储气。
上海先后建设了五号沟 LNG 站和洋山 LNG 站，并连续实施扩
建，以满足日益上升的调峰储备需求。

（一）五号沟 LNG 站

五号沟 LNG 站位于浦东新区曹路镇，东邻长江，是我国
最早建设，功能全面，规模最大的专用 LNG 应急储备站。该
站始建于 1996 年，2000 年 4 月正式投运，是"东海天然气早

期开采供应上海燃气工程"中的下游项目之一，当时将夏季富余的部分东海天然气液化并储存，用于应急供应和冬季调峰。随着西气东输抵沪和供应规模扩大，为保证供应安全，2005 年五号沟 LNG 站开始扩建一期工程，以扩大储存和气化能力，新增接船和槽车装卸功能。

2008 年 11 月扩建一期完成后，五号沟 LNG 站拥有国内首座内河 5 万吨级 LNG 船专用码头（设计年通过能力 50 万吨）、一座 2 万立方米和两座 5 万立方米的储罐（总罐容为 12 万立方米，折合气态约 $7200 \times 10^4 m^3$），配有总能力为 $31 \times 10^4 m^3/h$ 的气化器，以及自控、消防、槽车装卸等系统、具备接船（车）、储液、气化外输以及装车外运等综合功能。五号沟 LNG 站储备能力可满足当时任一气源故障情况下，上海城市燃气基本用户 10 天的用气需求。

五号沟 LNG 站初始投资约 6.1 亿元，扩建一期工程耗资 11.7 亿元。

（二）上海 LNG 接收站

上海 LNG 接收站位于洋山深水港区的西门堂岛，于 2007 年 1 月正式开工，2009 年 10 月建成投产，是我国第三座大型进口 LNG 接收设施。接收站一期项目设计规模为每年接收 300 万吨 LNG（折合气态约 $40 \times 10^8 m^3$），包括三座 16.5 万 m^3 LNG

储罐，一座可接卸 $8 \times 10^4 \, m^3 \sim 21.5 \times 10^4 \, m^3$ LNG 船的专用码头，气化设施，控制等辅助系统，以及 40km 海底外输管道，最大气化能力为 $104 \times 10^4 \, m^3/h$，工程投资约 60 亿元。

上海 LNG 站一期工程接收来自马来西亚的进口 LNG，目前已成为上海天然气的主力气源之一，占供应总量的比例超过 45%。上海 LNG 接收站在实现接收进口 LNG 的气源功能同时，也充分考虑了调峰和储备的需求，充分发挥 LNG 储存和外输的灵活性，积极响应市场负荷变化，现已成为天然气供应小时调峰的主力，并参与日调峰、季节调峰和应急保障。

二、调峰和保障作用

五号沟 LNG 站投运之初，上海天然气市场尚处于发展初期，工业用气比例低，冬季调峰压力大，五号沟站对高峰供气的支撑作用明显，对当时东海天然气单气源的供应发挥了极其重要的调节和保障功效。2008 年，扩建一期完成当年，上海即通过五号沟 LNG 站接收国内槽车运输 LNG 和进口船运 LNG 现货，弥补了冬季供需缺口。其后，在上海 LNG 接收站投产意外延后时，五号沟 LNG 站承担了进口 LNG 转运功能，累计接卸 24 万吨 LNG，成为阶段性补充气源。截至 2012 年年末，五号沟 LNG 站累计液化天然气 $0.5 \times 10^8 \, m^3$，气化外输 $4.8 \times$

$10^8 m^3$，接船 28 艘共 40 万吨，接槽车 3653 车共 7 万吨，装车供应外省市 4375 车共 8.5 万吨。五号沟 LNG 站的应急保障作用更体现在：2000 年东海气海底管道事故期间 11 天，气化 $340 \times 10^4 m^3$；历年台风应急保供总计 4 天，$300 \times 10^4 m^3$；历年上游气体处理厂检修保供累计 22 天，$100 \times 10^4 m^3$；历年保高峰保供累计 57 天，$0.28 \times 10^8 m^3$。上海 LNG 接收站一期建设时就已考虑了天然气调峰和保障储备的需求，较常规吞吐规模增设了一座 $16.5 \times 10^4 m^3$ 储罐。

LNG 由于其储存和外输的灵活性，调峰效用显著。近年来，上海 LNG 接收站逐渐成为全市天然气供应的调峰主力（见表 5-1）。2013 年的高峰日中，上海 LNG 接收站和五号沟 LNG 站的供应量已占当日总供应量的 70%，高峰时段一度超过总供应量 75%（见图 5-1）。

表 5-1　上海 LNG 接收站历年供应情况

年份	接卸量 ($10^4 t$)	外输天然气 ($10^8 m^3/a$)	口供应量			
			平均 ($10^4 m^3$)	最大 ($10^4 m^3$)	最小 ($10^4 m^3$)	最大量/最小量
2010	120	20	548	1311	242	5.42
2011	160	21	575	1508	249	6.06
2012	210	28	767	1978	263	7.52
2013	260	35	959	2117	324	6.54

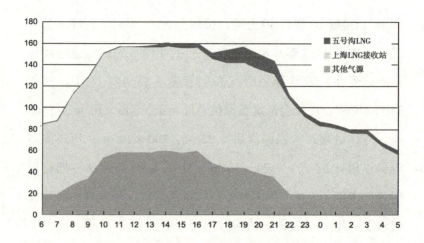

图5-1 2013年上海冬季高峰日每小时供应量（$10^4 m^3$）

上海的两座 LNG 站不仅在本市调峰保障中作用突出，同时也对支援外省市供应发挥了重要功效。上海 LNG 接收站投运伊始便遇全国大范围冬季气荒。在国家发改委的领导下，上海配合中石油、中海油，通过接卸进口 LNG 现货，置换上海西气东输合同量 $4.2 \times 10^8 m^3$，支援了 2010～2011 年度的全国供应。在历年冬季，以及 2010 年台风"鲇鱼"影响福建等时段，上海外供的 LNG 资源在长三角市场构成了重要的调剂互补。2013 年年初，在西气东输的配合下，上海首次以管输方式向外省市供应了 LNG 资源，进一步丰富了 LNG 储气对上海及周边的供应保障手段。

三、上海 LNG 储备扩建计划

为适应市场增量后更高的储备和调峰需求，进一步提升上海天然气储备能力，保障供气安全，2013 年，根据上海市天然气发展规划，上海市发展改革委已经核准五号沟 LNG 站扩建二期工程，目前项目即将转入现场施工阶段；洋山 LNG 储罐扩建工程已完成并获得项目核准，预计 2017 年内开工建设。

（一）五号沟 LNG 站扩建二期工程

五号沟 LNG 站的扩建二期工程于 2012 年启动，预计于 2016 年建成，将进一步增加罐容和气化外输能力。扩建二期工程包括：再增加两座 10 万立方米的储罐（总罐容达到 32 万立方米），扩建气化能力至 31 万立方米/小时，增加槽车装卸位数量等，工程投资估算为 11.66 亿元。2016 年扩建二期工程建成后，上海的城市燃气基本用户保障天数将提高到 15 天。

（二）上海 LNG 接收站储罐扩建工程

为进一步提高上海的天然气储备和调峰能力，2012 年上海 LNG 接收站开展储罐扩建工程。扩建工程配置两座有效容积 $20 \times 10^4 \, m^3$ 的 LNG 储罐，投资估算为 33 亿元，预计 2016 年建成。扩建工程实施后，除新增 $40 \times 10^4 \, m^3$ LNG 储存能力外，接收站最大气化外输能力由 $104 \times 10^4 \, m^3/h$ 增加到 $186 \times 10^4 \, m^3/h$。

四、上海建设天然气储备的困难和政策需求

(一) LNG 储备建设中存在的困难

第一，储气成本消化困难。LNG 储气设施的建设成本巨大，以五号沟 LNG 站为例，初始投资约 6.1 亿元，扩建一期工程耗资 11.7 亿元，扩建二期工程投资估算为 11.66 亿元。LNG 储气的另一大成本压力来自资源价格。2011 年日本 "3·11" 地震以来，亚太市场 LNG 价格居高不下，2012 年平均到岸价格高达 \$15.7/mmBtu，折合气态约 3.7 元/m³。此外，LNG 储气过程中的 BOG 挥发，进口环节的各项税费、低温危险品严格的管理和运行要求均进一步推高了储备成本。LNG 储气所发生的资源、建设和运行费用在单纯的储备模式下相当高昂，在目前的天然气价格机制中缺乏合理的传导渠道，令运营企业难以承受。

第二，资源保障难度大。LNG 储气用于调峰和应急供应具有很强的备用特性，与连续运行的气源接收站有明显区别，难以对接长期进口合同。临时的现货采购不仅价格高，而且经常出现库容与货源/船期无法匹配的情况。储备资源的采购批次少，缺少长效机制，海事等监管环节审批复杂，LNG 的及时补充存在很大难度。

（二）LNG 储备政策需求

LNG 储气在我国起步虽晚，但发展迅速。上海在发展 LNG 储气过程中深刻感受到，天然气储备建设需要地方和国家相关政策的支持和突破。

第一，在企业努力降低成本，提高效率的同时，有关天然气价格政策应充分考虑 LNG 储气的成本，实现合理的传导和分担。

第二，在 LNG 设施建设、资源采购和运输管理等环节应给予尽可能的便利，结合实践发展对相关法规、标准等进行更新完善。

第三，打破行政区域和上下游的壁垒，将 LNG 储气与区域管网相结合、与天然气交易市场建设相结合，将市场自身调节和行业宏观管理相结合，统筹区域 LNG 储气设施的规划、建设和运营，实现设施、气量等资源的优化配置。

第三节　深圳市天然气储备建设实践经验

深圳市目前拥有广东大鹏 LNG 和西气东输二线两个气源，广东大鹏 LNG 一期项目 2006 年 6 月正式投产，西气东输二线 2012 年 8 月开始向深圳供气。根据已经签订的长期供气合同，广东大鹏 LNG 和西气东输二线达产后向深圳燃气公司供气量

分别为 $3.388 \times 10^8 \mathrm{m}^3/$年和 $40 \times 10^8 \mathrm{m}^3/$年。

一、深圳市天然气储备需求

深圳天然气用户包括上游企业直供用户和深圳城市燃气供应用户，其中深圳前湾电厂、南天电厂、东部电厂、福华德电厂由广东大鹏液化天然气有限公司直接供气，城市管道燃气用户以及将来新建电厂用户由深圳市燃气集团股份有限公司负责供气。深燃集团预测，由其供气的用户 2016 年用气需求将达 $61.46 \times 10^8 \mathrm{m}^3$。

由于不存在冬季取暖需求，深圳市天然气季节峰谷差不大。2008 年~2011 年，深圳市日用气量的最大值与最小值比值在 1.8~2.4 之间，四年平均数为 2.1；另外，日用气量的最大值与年平均数的比值在 1.32~1.57 之间，四年平均数为 1.43（见表 5-2）。

表 5-2　深圳市日用气量情况表

单位：$\times 10^4 \mathrm{m}^3$

年度	平均日用量	最低日用量	最高日用量	最高/平均	最高/最低
2008	79.94	58.21	105.50	1.32	1.81
2009	88.40	61.17	131.40	1.49	2.15
2010	112.62	73.82	176.96	1.57	2.40
2011	156.80	103.62	211.76	1.35	2.04

深圳市调峰储备需求主要表现为日调峰和小时调峰。目前深圳燃气在供电厂用户有钰湖电厂（2×9E 机组）、宝昌电厂（2×9E 机组），共有四台机组，年用气量 $7.4×10^8 m^3$；已经签订意向或者框架协议的新发电机组八台，年供气量 $21×10^8 m^3$。燃气电厂主要是为电网调峰，开停机受电网调度，一般工作时间是 6：00~22：00，即每天工作 16 小时，每台机组每小时最大用气量约 $3.6×10^4 m^3$，用气量巨大，小时调峰要求高。由于周六、周日用电负荷较小，电厂可能停机，因此日调峰需求也较大。

根据深圳城市燃气发展规划，在不考虑燃气电厂用气的情况下，深圳城市燃气 2015、2020 年的天然气日基本需求量分别为 $300×10^4 m^3$、$370×10^4 m^3$（见表 5－3），约合每年 $11×10^8 m^3$、$13.5×10^8 m^3$。根据《天然气基础设施建设与运营管理办法》的要求，上游天然气销售企业负责季节（月）调峰和应急储备，下游城镇燃气企业负责小时调峰和不少于 3 天消费量的应急储备，日调峰由上下游企业协商解决。按照年供气量 $60×10^8 m^3$ 计算，上游企业应当建立不少于 $6×10^8 m^3$ 的天然气储备（年合同供气量的 10%），深圳燃气公司应当建立不少于 $0.11×10^8 m^3$ 的应急储备（不可中断用户 3 天用气量）。

表 5 – 3　深圳市各类用户的基本用气量

序号	用户类型	2015 年	2020 年
		万 m³/d	万 m³/d
1	居民	63.85	76.09
2	公福用户	55.83	67.12
3	工业	83.37	106.87
4	汽车	43.77	55.73
5	其他	48.80	59.74
合计		295.62	365.55

二、深圳城市燃气用户优先供应顺序

目前，深圳城市燃气用户最大小时用气量约 21.31×10^4 m^3，电厂最大小时用气量约 $14.4 \times 10^4 m^3$，全市最大小时用气量约为 $35 \times 10^4 m^3$，小于上游西气东输二线和广东大鹏 LNG 气源的门站的最大小时供气量，上游企业供气能力能够满足城市燃气用户调峰需求。

为了在供应短缺或者中断时保障重点和优先用户用气，深圳城市燃气把天然气用户按照重要程度划分为如下几类，确定优先供气顺序。

（1）不可中断供应的用户，主要包括城市居民、熔化及焙烧类炉窑、食品加工类工业、星级宾馆、高档餐厅、天然气汽车、分布式能源供应站、大专院校、幼儿园、医院等。

（2）可短暂中断供应的用户，主要包括普通宾馆、餐饮娱乐、中小学、建筑燃气空调用户及锅炉类工业用户等，原则上天然气中断供应时间不超过 24 小时。

（3）可临时中断供应的用户，主要包括机械加工类工业及建筑加工工业，原则上天然气中断供应时间不超过 7 天。

（4）可较长时间中断供应的用户，主要包括调峰电厂、已建有 LNG 气化站的工业用户及保留原有能源（例如 LPG）系统的双燃料工业用户，原则上天然气中断供应时间不超过 30 天。

根据规定，在可能的情况下，前三类用户要保证供应，第四类用户的供应量根据实际情况进行调整。

三、深圳天然气储备建设情况

深圳市周边地区没有发现适于建设地下储气库的地质条件，但是具有沿海地理优势，天然气调峰和应急储备建设主要采取 LNG 储备方式，同时辅以管道储气。深圳已建、在建和拟建的进口 LNG 接收站有 3 个（见表 5 - 4），规划建设 12 个 $16 \times 10^4 m^3$ 的 LNG 储罐，总储气能力达 $12 \times 10^8 m^3$。LNG 接收站的天然气储备主要是用于保障接收站正常运行的生产储备，

但也具有部分应急和调峰储备的作用。其中，中石油深圳
LNG 接收站主要用于为西气东输二线调峰应急。

表 5-4　深圳市上游企业已建、在建、将建的 LNG 储罐

项目	建设方	规模 （$10^4 m^3$）	项目进展
大鹏 LNG 接收站	中海油	4×16	2006 年 6 月投产
迭福 LNG 接收站	中海油	4×16	2012 年 9 月开工，预计 2015 年投产
深圳 LNG 应急调峰站	中石油	4×16	环评

除了上游销售企业储备，深圳燃气集团作为下游城市燃气
企业，也非常重视天然气应急储备和调峰设施的建设。目前已
建成三个 LNG 调峰站，正在建设两个 LNG 应急储备库，详见
表 5-5。

表 5-5　深圳燃气集团 LNG 储备调峰设施

项目	设施类型	规模 （m^3）	项目进展
梅林 LNG 调峰站	调峰站	6×150	已投产
大工业区 LNG 调峰站	调峰站	4×100	已投产
盐田 LNG 气化站	调峰站	2×100	已投产
求雨岭天然气安全储备库	LNG 储备库	2×20000	2013 年 11 月开工，已于 2016 年投产
深圳市天然气储备与调峰库	LNG 接收站	1×80000	2013 年 12 月开工，预计 2017 年投产

其中，梅林 LNG 调峰站建六台 150m^3 储罐，大工业区 LNG 调峰站建四台 100m^3 储罐，盐田 LNG 调峰站建两台 100 m^3 储罐。其中梅林、大工业区 LNG 调峰站采用压力 LNG 储罐储存，可利用储罐自增压气化器升压后再经低温泵加压送至高效空温式气化器气化，然后经调压、计量、加臭流程再向次高压或高压管网输气调峰。盐田 LNG 气化站则是采用压力 LNG 储罐储存，利用储罐自增压气化器将 LNG 升压后送至空温式气化器气化，然后经调压、计量、加臭流程再向中压管网输气。

梅林 LNG 站 LNG 总储量为 900 m^3，相当于 $54 \times 10^4 m^3$ 气体，供气高峰流量为 $4 \times 10^4 m^3/h$，极限流量为 $6 \times 10^4 m^3/h$，出站压力为 1.6MPa，出站天然气温度高于 $-10℃$。在主要工艺上，梅林 LNG 站在国内率先采用加压气化工艺，选用全浸润型能变频调速的 LNG 低温泵，提高出口压力。LNG 调峰站具有储存量大、调节灵活、单位储量造价低的特点，既能满足城市燃气小时调峰的要求，也能满足一部分季节调峰的要求，而且还可以作为事故工况下的气源。

深圳市天然气储备与调峰库项目将建设一座 $8 \times 10^4 m^3$ 的 LNG 全容罐、一座 5 万吨级的 LNG 码头（可停靠 $1 \times 10^4 m^3 \sim$ $9 \times 10^4 m^3$ LNG 船）、五套 LNG 槽车装卸系统、$24 \times 10^4 m^3/h$ 的气化外输设施及相应的辅助生产设施，并通过天然气高压管道支线与深圳市天然气高压输配系统相连，实现 LNG 接收站与城市燃气管网的一体化运行，将为深圳市天然气输配系统提供应急储备、液化和气化调峰功能，对保障深圳市的安全储备供气与稳定供气具有重要意义。

深圳燃气还创新开发了小型 LNG 应急气化撬（50m³/h）和大型 LNG 应急气化撬（4000m³/h）。在居民小区、大型工商业用户燃气管网发生停气事故的情况下，根据用气量大小，可分别选用小型或者大型气化撬，搭配 LNG 瓶组或者 LNG 槽车，可为用户提供应急的不间断供气服务。

深圳市管道储气主要用于解决小时调峰的问题。深圳市天然气高压管道的主管径为 DN800，规划总长 145km 左右（目前暂未全部建成投产），运行压力为 4.0MPa，设计静态总容积约为 $6.93 \times 10^4 m^3$，满足电厂运行最低压力后系统的最大压差 0.6MPa。如果考虑按高压管线末端储气计算，此时管道储气调峰的总量约为 $9.80 \times 10^4 m^3$。另外，深圳市天然气次高压管网的主管径为 DN500，总长 200km 左右，运行压力为 1.6 MPa，设计静态总容积约 $3.62 \times 10^4 m^3$，最大压差 1.0 MPa。如果按高压管线末端储气计算，可用管道储气调峰总量约 $13.45 \times 10^4 m^3$。

四、深圳天然气储备建设存在的困难

1. 由于深圳附近的地质条件所限，LNG 接收站的选址较为困难。

2. LNG 接收站的投资巨大，建设资金筹措困难。如果全部依靠银行贷款，仅利息就是天文数字。

3. LNG 储气库建设的主要技术标准体系和重要设备依靠发达国家和部分大型机构。

4. LNG 的储气成本消化困难。目前已有的燃气价格体系中，没有体现出储气成本，造成企业投资天然气储备看不到明显的回报，积极性不高。受进口 LNG 价格及国内天然气价格上涨的双重影响，未来储备成本将会持续上升。

五、天然气储备建设政策建议

1. 政府将天然气储备库视为一个重要的战略能源设施，纳入城市基础设施建设统筹考虑，在能源发展规划中做储气库专项规划，在建设用地、立项审批等方面给予政策支持；有条件的地方政府可像建设水库、道路桥梁、轨道交通设施一样，投资建设储气库，然后将其移交给专业公司运营。

2. 政府可向天然气储备设施建设企业发放无息或低息贷

款，支持建设融资平台，多方面筹措资金；同时在资源采购、经营管理等环节给予相关的优惠政策。

3. 政府集中科研力量和核心装备企业攻关，以建设一批LNG 接收站项目为载体，以市场换技术，完善 LNG 接收站工程建设技术标准体系，带动重要设备国产化。

4. 进一步完善价格体系，体现储气成本，或者设立一定规模的天然气储备基金，可对于紧急调用储备气时实际发生的相应费用和损失给予补贴。

5. 健全天然气储备应急响应机制，完善应急预案。建立由地方政府、上游企业、下游企业共同参与的联席协调机制，在自然灾害、恐怖袭击等突发事件发生的紧急情况下，按照应急预案，由政府应急指挥机构启动应急程序，行使紧急调用权，最大程度地保障天然气供应。

6. 政府规划省级行政区的储备调峰设施建设。例如广东省在完善珠三角天然气管道系统的基础上，上游企业在深圳、珠海建设的 LNG 储备设施可供作为整个珠三角的应急储备，可以集中力量建设，节约资源。

7. 政府组织专业机构研究海外 LNG 发展趋势，定期发布相关资讯，探索成立天然气商品交易市场，培养 LNG 海外采购的专业人才团队，为除三大油之外的企业采购海外 LNG 提供支持和指导。

第四节　香港地区城市燃气的保供经验

香港没有 LNG 接收站，其天然气供应完全来自大陆地区。大陆地区通过两条管道向香港供应天然气，一条是从海南岛（崖 13 气田）到踏石角的海底管道，供应发电厂；另一条是从深圳大鹏 LNG 接收站到大埔和南丫岛，用于煤气生产和发电。据 BP 世界能源统计，2013 年香港从大陆地区进口天然气 $28 \times 10^8 m^3$。香港没有地下储气库，也没有 LNG 储罐，天然气调峰和应急保障都依赖上游供气企业。

香港城市燃气供应包括液化石油气和管道煤气。液化石油气由砄壳、埃克森美孚、中石化等几家石油公司船运输入，存放在青衣岛上的五个油库，供应香港全区 63.1 万用户及 62 个加气站。液化石油气主要用于交通运输，以及管道煤气不能到达的居民和商业用户使用。香港 100% 的出租车和小巴士都使用液化石油气作为燃料。管道煤气由中华煤气公司独家经营，包括生产、输配和供应。中华煤气公司成立于 1862 年，是香港历史最悠久的公用事业机构，也是香港规模最大的能源供应商之一，隶属于香港恒基集团。管道煤气用户主要是居民用户和商业用户，2010 年用气量所占比例分别为 56% 和 41%，工业用气量所占比例仅为 3%。

虽然已经有两条海底管道向香港供应天然气，迄今香港供应的管道燃气仍然是经过调制的煤气而不是纯天然气，这主要是出于供气安全的考虑。中华煤气公司在大埔和马头角拥有两家制气厂，以天然气和石脑油为原料生产煤气，并通过其所拥有的 3400 千米管道向 175 万用户供应。制气厂储备石脑油，并通过增加或减少制气原料中石脑油所占的比例，应对可能发生的天然气供应短缺，必要的时候可以使用全石脑油制气。

第六章

国外天然气储备设施建设的
政策环境分析和借鉴

为深入研究国外天然气储备经验与教训，本报告重点选择了部分典型国家作为研究对象。这些国家既包括天然气生产与消费大国如美国、英国和俄罗斯，也包括主要依靠进口来满足本国消费的国家和地区，如法国、日本和意大利，以及我国香港地区。根据我国既是天然气生产国，也是天然气消费国的现实情况，我们认为美国、英国和俄罗斯的经验更值得借鉴，而香港地区的经验对于研究城市供气保障有借鉴意义。

第一节 典型国家天然气储备建设情况与政策环境

一、美国

（一）美国储气库建设情况

美国是世界第一的天然气生产大国，同时也是最大的天然气消费国。2013 年，美国天然气产量 $6876 \times 10^8 \, \mathrm{m}^3$，消费量 $7372 \times 10^8 \, \mathrm{m}^3$，净进口管道气 $345 \times 10^8 \, \mathrm{m}^3$，LNG 净进口 $26 \times$

$10^8 \mathrm{m}^3$。美国的天然气储备主要以生产储备为主，目的是应对季节调峰和紧急事件，储气库建设发展过程可以分为三个阶段。

1. 起步阶段（1916 年 ~ 1950 年）

这一阶段作为美国天然气工业发展的初期，也是管道和储气库建设的高潮期，目前大部分正在使用的储气库都是在这一时期建成的。在 20 世纪 20 年代末期，随着技术的发展，天然气管道长输成为现实。1927 年 ~ 1931 年，美国境内一共建成了 12 条主要的输气干线，掀起了天然气管道建设的第一次高潮，同时天然气消费量也快速增长，1930 年达到了 345 × $10^8 \mathrm{m}^3$。由于天然气长距离输送，消费量扩大，季节性的消费量波动较大，保障安全平稳供气就成为当时最为急迫的问题。而利用储气库进行调峰则是确保安全平稳供气的最有效途径，因此储气库的建设在此期间就得到了较快的发展。储气库建设与输气管网建设几乎同步，从 1931 年 ~ 1950 年这 20 年时间里建成了储气库 78 座。在该阶段，储气库的类型主要以废弃油气藏为主，储气库的建造技术也不断进步。在此期间建成在肯塔基州建成 Doe Run Upper 第一座含水层储气库。

2. 快速发展阶段（1951 年 ~ 1980 年）

这一阶段是美国天然气行业快速发展阶段，天然气的消费量、储产量都快速增长，天然气管网建设加速，逐渐形成了完善的管网体系，天然气储气库也随之快速建设，与管网配套完善。在 1951 年～1980 年间，储气库的建设技术也快速发展，相关行业技术标准陆续确立，美国共建设储气库 234 座。储气库类型从单一枯竭油气藏类型，发展到含水构造储气库和盐穴储气库多种类型。

3. 成熟完善阶段（1981 年至今）

随着美国天然气市场经过快速发展阶段进入成熟期后，天然气集输管网日趋完善，管道建设开始处于平稳发展状态，储气库建设也相应地进入平稳发展阶段。2001 年，美国最高峰时期有地下储气库 418 座。最新资料显示，2013 年美国有地下储气库 411 座，其中枯竭油气藏型储气库 331 座，含水岩层储气库 43 座，盐穴储气库 37 座，总库容超过 $2500 \times 10^8 \, \mathrm{m}^3$，工作气量 $1200 \times 10^8 \, \mathrm{m}^3$，达到美国当年天然气消费量的 17.36%。

（二）美国储气库经营模式

美国储气库经营商是天然气产业链的独立环节，经营天然气储备的公司包括州际管道公司、州内管道公司、地方配气公司和独立的储气库服务商。

目前美国 25 个州际管道公司拥有 172 个地下储气库，储

气能力约占美国总储气能力的 55%。州际管道公司拥有的储
气库，主要为其经营的长输管道进行生产调峰，剩余储气能力
根据联邦能源管理委员会（FERC）第 636 号令向第三方开放，
储气价格受联邦能源管理委员会管制。

州内管道公司和城市燃气公司经营的储气库，占美国总储
气能力的 35%。州内管道公司利用储气库为其经营的管道提
供生产调峰，城市燃气公司则利用储气库中的天然气为最终用
户提供保障。根据美国天然气行业管理体制，州内管道公司和
城市燃气公司属于州公用事业管理委员会管理。

独立储气商拥有的储气能力约占 10%。在美国天然气市
场，除了传统上、中、下游企业，即生产商、管道运输商、城
市燃气企业之外，还存在所谓"第四板块"——天然气营销
商。独立储气库运营商可以为天然气市场所有市场主体提供储
气服务，包括生产商、运输商、城市燃气企业、天然气营销
商，以及下游大工业用户。独立储气商也可以成为天然气营销
商，储备和销售天然气。随着天然气市场开放程度不断提高，
独立储气商将有更大发展空间。

（三）美国储气库建设政策环境

美国政府部门对储气库建设运营管理的监管，包括经济监
管和技术监管。经济监管机构是联邦能源管理委员会，关注储

气库建设市场需求、经济评价和储气价格；HSE（健康、安全、环保）等技术监管职能则由联邦环境监管局负责执行。美国没有储气库监管方面的专门法律，相关规定包含在《天然气法》《能源政策法》《清洁空气法案》《清洁水法案》《联邦水污染控制修正法案》《职业健康安全法案》和《污染控制法案》等法律之中。另外，美国石油协会也制定了一些储气库建设技术规范，如《盐穴储气库设计标准》。

二、英国

英国既是天然气生产国，也是天然气消费国，天然气生产不能满足国内消费需求，部分依赖进口。2013 年，英国天然气生产量 $365 \times 10^8 \mathrm{m}^3$，比上年减少 5.9%，占世界总产量的 1.1%；天然气消费量 $731 \times 10^8 \mathrm{m}^3$，比上年减少 0.6%，占世界天然气消费总量的 2.2%；净进口天然气 $366 \times 10^8 \mathrm{m}^3$，占其消费总量的 50.1%。

20 世纪六七十年代，由于北海气田的开发，英国天然气工业得到了迅速的发展，并开始建设天然气地下储存设施。目前，英国的天然气储备有三种不同类型，分别是枯竭油气田储气库、盐穴储气库和 LNG 储库。按照英国天然气市场监管部门 Ofgas（英国天然气办公室）的规划，上述储存设施的基本目标是用来"调峰"，作为应对短期供应中断的缓冲器。至于战略储备，英国政府认为，英国大陆架气田就是英国的战略储备。这种储备能力意味着它不必建设大量的地下储气库来保障安全供应。这一特点与许多欧洲大陆国家不同。英国天然气储备方式以地下储气库为主、LNG 储罐储备为辅，2013 年有效储气能力达到 $47 \times 10^8 \, m^3$，相当于其年进口天然气量的 12.8%，或者英国 23 天的天然气消费量。

英国的地下储气库完全由公司管理运营，Edinburgh 天然气公司和 Scottish Power 公司联合运营着 Hatfield Moor 衰竭气藏型地下储气库，Transco 拥有两个小型盐穴设施，同时还运营着四个 LNG 存储区。英国政府根据建设盐穴储气库的需求，专门出台了相关法规：《土地利用计划和危险物质许可》，主要涉及对储存地点的安全性进行评价；《主要事故危害规章（1999）（COMAH）》，目标是预防天然气储存事故，限制此类事故对人和环境的危害；《井场和操作规范（1995）》和《管线安全规范（1996）》。Ofgem（英国天然气与电力市场办公室）负责天然气储存设施的监管工作，积极推动储存设施的市场化改革，需要储备天然气的公司都可通过拍卖方式获取储气设施储存能力。

三、俄罗斯

俄罗斯是天然气生产、消费和出口大国。2013 年，俄罗斯天然气产量为 $6048 \times 10^8 \, m^3$，比上年增加 2.4%，占世界天然气生产总量的 17.9%，居世界第二位；天然气消费量为 $4135 \times 10^8 \, m^3$，比上年年减少 0.4%，占世界天然气消费总量的 12.3%，占本国一次能源消费总量的 54%；净出口天然气 $2255 \times 10^8 \, m^3$，占其天然气生产总量的 37.3%。

俄罗斯的天然气储备方式主要是分布在天然气消费区的地下储气库。目前，俄罗斯共拥有地下储气库二十四座，其中十七座是枯竭油气藏型储气库、七座是含水层储气库。俄罗斯从 20 世纪 50 年代开始建设地下储气库，2005 年地下储气库工作气量约为 $900 \times 10^8 \, m^3$，地下储气库供气量占同期俄罗斯总供气量（包括国内消费和出口）的 7%。

俄罗斯天然气工业公司（Gazprom）是国家储气库设施的管理运营主体。其发展储气库的主体目标是确保国内用户的安全用气，同时确保对欧洲的正常出口。俄罗斯天然气储量丰富，气田调峰能力很强，大规模发展地下储气库更多的是从经济角度考虑，因为建设地下气库的成本远远低于同等规模的新气田开发和天然气输送的成本。经验表明，一个地下气库的投资仅为同等规模的气田开发和天然气运输成本的五分之一至七分之一。因此 Gazprom 十分重视地下气库的发展并使上述二十四个地下气库的能力（有效工作气量）年年都有所增加。现在在建的新项目还有三个，即乌德穆尔特水层地下气库、加里宁格勒和伏尔加格勒盐穴气库。伏尔加盐穴气库的有效工作气量将达 $8 \times 10^8 m^3$，日采气能力为 $0.7 \times 10^8 m^3$。

俄罗斯统一供气系统及配套地下储气库全部归 Gazprom 所有，地下储气库的原有投资是苏联国家直接划拨的。Gazprom 按地区设立了十三个天然气运输子公司，有关的地下储气库原则上附属于相应的天然气运输子公司，各子公司建设储气库的资金完全由 Gazprom 筹措。俄罗斯在建设储气设施时没有明确提出战略储备的概念，但部分地下储气库早就具有战略储备的职能。目前，俄罗斯有关研究机构已经提出了建设天然气战略储备问题，要求由国家来支付相应的投资，并建议由 Gazprom 来运营管理。

四、法国

法国天然气资源贫乏，天然气消费几乎完全依赖进口。2013 年，法国天然气消费量为 $428 \times 10^8 m^3$，比上年增长 1.7%，占其一次能源消费的 15%；净进口天然气 392×10^8

m^3，其中净进口管道气 $305 \times 10^8 m^3$，净进口 LNG $87 \times 10^8 m^3$。法国天然气市场发展初期就开始储气库建设，第一座储气库1956 年开始建造，最早的储气库是 1965 年投入使用。目前，法国有十三个正在使用中的地下储气库，为欧洲最多，其中十一个为含水岩层储气库，两个盐穴储气库，2013 年总有效库容为 $130 \times 10^8 m^3$。

法国天然气储备的主要目的是应对季节调峰和紧急事件，以保障安全稳定供气。法国政府在 20 世纪 70 年代就提出了战略储备的概念，按照欧盟的要求存储天然气进口量的 10% 作为战略储备，但在具体运作层面则没有将战略储备与调峰储备作明确区分。天然气储备由公司经营，储备资金也由相关公司筹措，按照欧盟要求把天然气进口量的 10% 作为战略储备的资金也由公司自己负担。目前十五个储气库中的十三个由法国苏伊士环能公司（Storengy）管理与经营，其他两个归道达尔天然气基础设施法国公司（TIGF）管理。

五、意大利

意大利天然气资源贫乏，几乎完全依赖进口。2013 年，意大利天然气生产量为 $71 \times 10^8 m^3$，比上年减少 9.9%，占世界天然气生产总量的 0.2%；天然气消费量为 $642 \times 10^8 m^3$，比上年减少 6.2%，占世界天然气消费总量的 1.9%；净进口天然气 $571 \times 10^8 \mathrm{m}^3$，占其当年消费总量的 89%，其中管道气和 LNG 分别为 $516 \times 10^8 \mathrm{m}^3$ 和 $55 \times 10^8 \mathrm{m}^3$。

意大利天然气消费对外依存度一直较高，因此较早重视地下储气库建设，目前已经成为欧盟天然气市场重要的储备基地。其天然气储备以商业储备为主，主要目的是应对季节调峰和紧急事件，以保障安全稳定供气。同时正在考虑类似石油的天然气战略储备，以应对因战争等造成的海外天然气供应中断。

意大利天然气储备方式以地下储气库为主，LNG 储备为辅，近几年也在研究将现有气田转为储气库的可能性。1964 年，意大利在 Cortemaggiore 建成了第一座储备库。目前，意大利天然气储备体系由十个储气气田组成，其中八个由 ENI S. P. A. 公司经营，两个由 Edison Gas S. P. A. 公司经营，总储气能力达 $190 \times 10^8 \mathrm{m}^3$，每日高峰供气能力可达 $3.15 \times 10^8 \mathrm{m}^3$。近期，意大利进一步决定将五个废弃天然气气田改造成储气设施，目标是应对严寒，减少对俄罗斯的进口依赖。

意大利天然气储备管理体制中，政府工业部和能源监管机构管理天然气储备，石油天然气公司负责天然气储备设施的具体运营。意大利工业部负责全国天然气系统的安全、经济和长期规划，保证供应安全，协调天然气系统的正常运行。就建设新的天然气储备设施来看，工业部综合国家天然气需求前景颁发开发储气的许可文件，有意开发储气设施的投资者可以参与有关招标，工业部根据164/00法令对符合条件的投资商颁发许可。能源监管部门的职责更为特殊，主要包括三个方面：一是对储气系统进入和使用的监管；二是监管储气费率的制定；三是监管费率设计和批准储气条例。

意大利十分重视储气库的有关法律法规建设。根据其将枯竭气田或开发中的气田改造为储气库的要求，早在20世纪70年代就颁布了有关法令。如1974年，政府颁布了《关于天然气在气田的储存》的170号法令；1975年，工业部颁布了《关于天然气气田储存许可的基本立法》法令。这些法令有效地保护了国内资源的开发，为建立充足的储备应对供应危机起到了积极作用。同时，根据欧盟内部天然气市场的共同规划，进入21世纪还颁布了"关于实施欧盟98/30/EC指令"的164号法令。制定标准以保证所有用户在同一条件下都能使用储气设施、确定储气费率的标准、为"第三方"使用天然气储存设施，提高天然气储存设施的效率，从而保障国内天然气供应安全奠定了基础。

六、日本

日本国内没有天然气资源，天然气消费完全依赖进口 LNG。2013 年消费天然气量为 $1169 \times 10^8 m^3$，比上年增长 0.2%，占世界天然气消费总量的 3.5%。日本目前没有地下储气库，主要依托 LNG 接收站的储罐储备天然气，生产储备和战略储备并重，目的是应对季节调峰和紧急事件，以保障安全稳定供气，应对因战争等造成的海外天然气供应中断。日本共有三十一个 LNG 接收站，总罐容达 $1600 \times 10^4 m^3$，相当于 $100 \times 10^8 m^3$ 的天然气储备，年气化能力为 $2520 \times 10^8 m^3$。

日本是世界上唯一颁布有《天然气储备法》的国家。日本天然气储备由国家和民间企业分别承担，储备资金由国家财政支付承担 30 天的天然气储备，民间企业承担 50 天的天然气储备。1998 年，日本政府设立了日本天然气储备公司，专门从事国家天然气储备基地的建设和管理工作。日本现有五个 LNG 战略储备基地，神栖、福岛、七尾三个 LNG 储备库已投入运行，LNG 储存能力为 $65 \times 10^4 t$，仓敷、波方两个 LNG 储备库（大型水下岩洞储备库）正在建设中，LNG 储存能力分别是 $45 \times 10^4 t$ 和 $40 \times 10^4 t$。

第二节 国外天然气储备建设的经验借鉴

世界各国天然气生产、消费情况和对外依赖程度不同，天然气供应方式和建库资源条件不同，天然气市场管理体制不同，天然气储备建设政策不同，天然气储备的规模和方式也存在很大差异（见表6-1）。但是，在天然气储备方面的诸多不同之中，世界各国天然气储备政策又存在许多共同之处。

表6-1 典型国家天然气储备情况比较

国家名称	消费量（×10⁸m³）	对外依赖程度	储气规模（×10⁸m³）	储备比例	储气方式	投资运营主体	政策法规
美国	7372	5%	1200	17.36%	枯竭油气藏地下盐穴含水岩层	州际管道公司州内管道公司独立储气商	没有储气库建设方面的专门法律，相关法律有《天然气法》《能源政策法》《清洁空气法案》《清洁水法案》《联邦水污染控制修正法案》《职业健康安

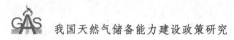

续表

国家名称	消费量（×10⁸m³）	对外依赖程度	储气规模（×10⁸m³）	储备比例	储气方式	投资运营主体	政策法规
							全法案》和《污染控制法案》等，以及《盐穴储气库设计标准》
俄罗斯	4135	−37.3%	900	7%（占总供气量）	枯竭油气藏含水岩层	俄罗斯天然气工业公司（Gazprom）	
英国	731	50.1%	47	6.43%	枯竭油气藏地下盐穴LNG储罐	Edinburgh, Scottish Power, Transco	没有储气库建设方面的专门法律。相关法律有《土地利用计划和危险物质许可》，《主要事故危害规章(1999)》，《井场和操作规范（1995）》和《管线安全规范（1996）》

续表

国家名称	消费量 ($\times 10^8 m^3$)	对外依赖程度	储气规模 ($\times 10^8 m^3$)	储备比例	储气方式	投资运营主体	政策法规
法国	428	92%	130	30.37%	含水岩层地下盐穴	Storengy, TIGF	欧盟要求存储天然气进口量的10%作为战略储备
意大利	642	89%	190	29.5%	枯竭气藏LNG储罐	ENI S. P. A, Edison Gas S. P. A	1974年《关于天然气在气田的储存》的170号法令;1975年《关于天然气气田储存许可的基本立法》法令;《关于实施欧盟98/30/EC指令》的164号法令
日本	1169	100%	100 + 20	10.28%	LNG储罐	LNG进口商,日本天然气储备公司	天然气储备法

一、重视天然气储备的作用

在世界上主要的天然气生产国和消费国，天然气储备都已经成为保障安全稳定供气的必要手段。美、英、俄、法、意、日等国家虽然天然气消费量不同，天然气在能源结构中所占比例不同，天然气消费对外依赖程度不同，但都通过各种方式建立了相当规模的天然气储备。天然气储备在保障供气安全中发挥了重大作用。以美国为例，每年冬季动用的天然气储备量达 2.5×10^{12} Cf，是其日均消费量的 40 倍，另外还有约 1.5×10^{12} Cf 的未动用储备。法国、意大利、日本、俄罗斯等国，甚至还提出了国家战略储备的概念，通过建立大规模储备保障供气安全。

二、因地制宜选择储气方式

天然气储备的主要方式是建设地下储气库，地下储气库具有储气量大、建设成本低、安全性能好等优势。但是各个国家和地区建设地下储气库的资源条件不同，选择的建库方式也不一样。例如，美国、俄罗斯等油气资源比较丰富的国家，主要利用枯竭油气田建设地下储气库；法国、德国等欧洲大陆国家，油气资源比较贫乏，利用含水岩层建立了规模巨大的储气库；美国、欧洲地下盐层条件较好的地区，建设了大量的盐穴储气库。欧洲大陆的瑞典，甚至探索建设内衬岩洞储气库。日本天然气消费完全依赖进口 LNG，依托 LNG 接收站建设了大量 LNG 储罐。我国香港地区缺少储气库建设条件，利用制气厂保障城市燃气供应安全。

三、根据本国国情确定储气规模

天然气储备规模与一个国家的天然气消费量、对外依赖程度有关，也与储气库建设条件有关。一般来说，天然气消费量大、对外依存度高的国家，天然气储备规模较大，天然气储备的天数也较长。例如，美国是世界第一天然气消费大国，年消费量达 $7200 \times 10^8 \mathrm{m}^3$，同时也拥有世界上最大规模的天然气储备；日本天然气完全依赖进口，对天然气储备非常重视，甚至颁布天然气储备法，强制性要求建立 80 天储备；欧洲大陆国家法国、意大利储备规模分别相当于 100 天、39 天的天然气消费量。

美国天然气消费对外依赖程度不高，但是具有非常优越的建设储气库的地质条件，因此能够建设世界最大规模的天然气储备。而日本尽管对天然气储备非常重视，但其储气方式主要是 LNG 储罐，储气成本较高，能够承受的储气量有限，因此只要求建设 80 天储备量。法国核能发达，天然气消费占其一次能源消费的比例较低，但地下含水层发育较好，因此有条件建设欧洲最大规模的天然气储备，并为其他国家天然气企业提供储气服务。

四、企业是天然气储备运营主体

尽管多个国家提出了战略储备概念，但只有日本通过《天然气储备法》确定国家为战略储备投资主体，其他国家都是公司作为储备主体，在储备动用方式上不区分生产储备和战略储备。美国储气库管理运营主体包括州际管道公司、州内管道公司、地方配气公司以及独立的储气库服务商。英国的大部分天然气储存设施由 BG 储气公司控制。俄罗斯的储气库全部由 Gazprom 公司负责管理，Gazprom 按照地区原则设立了十三个天然气运输子公司，相关的地下储气库原则上附属于相应的天然气运输子公司。法国地下储气库由两家公司管理。意大利的天然气储备体系由 ENI S. P. A. 公司和 EdisonGas S. P. A. 公司经营。

五、国家规划和立法保障

各国政府重视对产业发展的综合规划，从上游资源勘探、开发到中下游的运输、储气调峰和市场开发进行统筹规划，对定价和管道设施的建设进行监管，并通过立法形式对政府、企业、终端用户的权利义务进行明确，对应急调峰责任进行规定。如美国1938年《天然气法》对州际天然气交易、价格和管网建设进行规制。俄罗斯国家杜马2006年7月5日通过了联邦《天然气出口法》，规定俄天然气出口业务将全部由国有公司承担，确立了国有的俄罗斯天然气工业股份公司对本国天然气出口的垄断地位。意大利在2006年开始执行"储气法规"，该法规由ENI的附属机构Stogit制定，并通过政府的批准，对第三方准入、使用储气能力、提供服务等方面进行了严格的规定等。日本颁布了世界上唯一一部《天然气储备法》。

第七章

鼓励天然气储备能力建设的政策建议

宪法规定，我国实行社会主义市场经济，市场经济是我国制定一切经济政策的基本方向。党的十八届三中全会《关于全面深化改革若干重大问题的决定》提出，紧紧围绕使市场在资源配置中起决定性作用深化经济体制改革。鼓励天然气储备能力建设，应当遵循市场经济的规律，充分发挥市场在资源配置中的决定作用。基于政府引导、企业实施、外有压力、内有动力、技术可行、经济合理的原则，结合国家发展改革委《关于加快推进储气设施建设的指导意见》（发改运行〔2014〕603号），我们建议从以下几个方面制定鼓励天然气储备能力建设的政策。

第一节　严格供气责任，培育储气市场

鼓励储气设施建设必须先要培育储气服务市场，解决储气设施建成后谁来使用谁来付费的问题。企业是追求利润的组织，只要有人愿意为储气服务支付费用，并且该收费足以收回投资并获得适当利润，企业就会有投资建设储气设施的积极性。

一、明确储气义务

在竞争充分的天然气市场，下游企业可以自建储气设施储备天然气，委托储气库企业代储天然气，在用气高峰时段在现货市场高价采购天然气，也可以向上游企业支付调峰气价，在供气合同中约定由上游企业负责保供、调峰。上游企业根据供气合同约定承担调峰责任的，收取调峰气价，回收储气成本。无论是下游企业自建储备还是委托上游企业调峰，都会产生储气需求，促进储气设施建设。调峰气价将成为上下游企业之间分配储气义务的自动平衡器。然而，在我国天然气市场是垄断结构，政府对天然气销售价格实行严格管制，价格调节机制无法发挥作用，只能由法律在上下游企业之间强制分配储气和调峰义务。

国家发展改革委 2014 年 2 月颁布的《天然气基础设施建设与运营管理办法》（以下简称《办法》）从两个方面规定了天然气销售企业的储气义务：第一，到 2020 年前拥有不低于其年合同销售量 10% 的工作气量；第二，满足所供应市场的季节（月）调峰和应急供气需求。实际上，为了满足季节调峰需求而必须储备的天然气量，可能远高于 10%。同时，《办法》还规定下游企业承担小时调峰责任，上下游企业协商确定日调峰责任。《办法》对储气义务和调峰责任的分配，消除了上下游企业互相推诿的空间，创造了储气服务需求，是储气设施建设最大的推动力。

国外经验表明，只要有储气服务需求，有利可图，企业在储气方式方面有巨大的创造能力。油气资源丰富的美国利用枯竭油气藏建设了大量地下储气库，油气资源并不丰富的欧洲国家利用地下盐穴和含水岩层也建立了适当规模的天然气储备，甚至开发出高成本的内衬岩洞储气库，而日本企业根据自身的资源特点主要采用 LNG 储备。在储气设施建设方面，政府的主要作用是制定出让储气设施建设有利可图的政策，培育储气服务市场，引导企业投资而不是代替企业投资或者代替企业决策。

二、严格供气责任

天然气管网实行第三方准入以后，管道运营企业的天然气销售业务分离出来，成为独立的批发商，天然气市场交易模式如图 7-1 所示，主要有以下几种方式：一是天然气销售企业直接向批发商、零售商、下游大用户和独立储气商供气；二是批发商向零售商、大工业用户、储气商供气；三是储气商向零售商、批发商、下游大用户供气；四是零售商向下游用户供气。无论是哪种供气模式，买卖双方之间首先是合同关系，保障供气安全不仅仅是社会责任，更是合同义务。

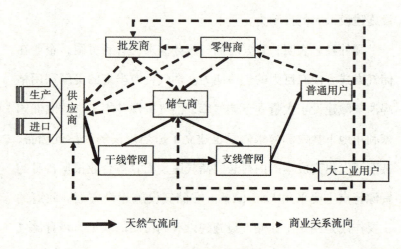

图 7-1　天然气供应模式

用追究行政责任的办法迫使供气一方安全供气，不仅立法门槛高，执法难度大，而且威慑力有限；而以经济赔偿为核心的合同责任有现成的国家立法，政府主管部门只要敦促供需双方严格执行合同即可，立法门槛低，威慑力强。《天然气基础设施建设与运营管理办法》规定，企业未履行天然气储备义务的，除由天然气主管部门给予警告、责令改正外，更主要的是依法承担赔偿责任。

三、规范供气合同

《天然气基础设施建设与运营管理办法》虽然明确了上下游企业的储气义务和保供责任，但也存在明显不足，主要表现为上游企业概括承担季节调峰责任，对下游企业缺乏必要的约束，使得上游企业的储气和调峰义务处于不确定状态。由于上游企业的市场垄断地位，以及缺少规范合同的限制，上游企业必然通过各种方式逃避这种不确定的储气义务。为了真正落实天然气销售企业的储气和调峰义务，应当从两个方面完善相关制度，通过合同明确上游企业的储气和调峰义务。

第一，结合调峰气价，从下游企业开始明确储气义务量。《城镇燃气管理条例》第 17 条规定，"燃气经营者应当向燃气用户持续、稳定、安全供应符合国家质量标准的燃气"，因此供气责任首先是下游城镇燃气经营企业对最终用户承担的持续、稳定、安全、合格供气的责任。由于下游企业比上游企业更了解当地市场的用气规律和调峰、保供需求，由下游企业根据实际需要，通过供气合同确定上游企业的储气和调峰义务，既可以使有限的储气库资源得到更有效的利用，也有利于确定上游企业的义务和责任。在合同机制下，调峰气价非常重要，既是对上游企业储气成本的合理补偿，也是对下游企业的必要约束。

第二，制定标准合同。在天然气市场未能形成有效竞争之前，主管部门应当组织制定供气、运输服务标准合同，制定安全供气服务标准，并与普遍服务、非歧视服务、价格管理等制度相结合，防止供气企业利用谈判优势逃避保供义务、强迫下游企业或用户接受不公平的合同条款、排除己方所应承担的保供责任。标准合同不是法律，不受立法权限的限制。但是，标准合同条款体现公平原则，提供一个合同范本。如果供气企业擅自修改标准合同的重要条款，强迫用户签订不公平合同，用户可以依据合同法规定请求法院认定不公平条款为无效。天然气主管部门通过制定标准合同或者供气服务标准，可以根据不同的情况灵活分配上下游企业之间的保供责任，分摊储气成本，理顺市场机制，促进天然气储备设施建设。标准合同可以根据需要及时进行修订，不受立法程序的限制。2014 年 3 月，国家能源局颁布的《天然气购销合同》标准文本，没有明确储气和调峰责任，起不到应有的约束作用。

第二节　理顺天然气价格，体现储气价值

"上有政策，下有对策"，仅仅通过责任机制迫使天然气

企业建设天然气储备或者储气设施，必然遭到企业各种理由的抵制。企业本质上是追逐利润的组织，引导企业投资建设储气设施的根本途径是理顺天然气价格，体现储气价值，使储气库建设和天然气储备有利可图，通过价格机制引导企业建设天然气储备。

一、天然气交易实行市场定价

鼓励储气设施建设，最主要的是天然气交易实行市场定价。实行市场定价，用气高峰的时候，天然气价格就会较高；用气低谷的时候，天然气价格就会较低。上游供气企业为了在用气高峰时卖出更好的价格，就有积极性投资建设储气设施储存天然气，等到用气高峰价格较高的时候卖出去。下游企业为了减少购气成本，也愿意投资建设储气设施，在用气低谷时低价购买天然气储存起来，减少用气高峰时的购买量。甚至还会有独立的储气商，在用气低谷时低价购买天然气储存起来，等到用气高峰时以较高的价格卖给用户。但是，市场定价的前提是有效竞争的天然气市场，如果是垄断的市场就必须实行价格管制。而在我国天然气行业，不仅下游的城镇燃气配送市场是垄断的，上下游企业之间的交易市场也是垄断的。少数几家公司控制了全国天然气市场的供应，在区域市场上甚至只有单一的供气商，下游企业没有选择，更不存在有效竞争。

实行市场定价，必须先要改造天然气市场结构，实现供气主体多元化，建立有效竞争的天然气市场。在天然气生产、进口为少数几家企业控制无法改变的情况下，天然气市场改造可以借鉴新加坡的经验，引入批发商制度。2001 年，新加坡天然气消费量只有 $9 \times 10^8 \, m^3$，完全依赖从马来西亚和印度尼西亚进口，从印度尼西亚进口的天然气占到新加坡天然气消费的 80%，同样是垄断的市场结构。当年，新加坡颁布《天然气法》，确立了四项基本制度：一是业务分拆，把自然垄断的天然气运输业务从进口、批发、零售等竞争性业务中分离出来；二是建立包括高压输送管网和低压配送管网在内的一体化管道网络，由气电公司统一运营；三是建立特许经营制度，经营天然气进口、运输、批发、零售、LNG 终端业务都必须经过管理部门特别许可，一个特许证的持有人不得直接或者间接持有另一个特许证持有人的股份；四是天然气管道和管道网络实行公开和非歧视的准入。中国可以借鉴新加坡经验，特许成立若干家批发商，由批发商向上游企业购买天然气然后向下游企业销售。上游企业根据政府定价向批发商销售天然气，批发商根据市场价格向下游企业销售天然气。为了避免批发商垄断，可以规定单一批发商在区域市场或（和）特定购气点的销售或采购份额上限。

上游企业根据政府管制价格向批发商销售天然气，不承担储气义务。批发商与下游用户之间，由于批发商之间存在竞争，可以允许批发商和下游用户自主约定天然气价格以及储气调峰义务分配。

二、管道运输实行"两部制"价格

管输价格是天然气在终端市场销售价格的重要组成部分，管输价格的变化会引起天然气下游市场销售价格的变化，进而引导天然气消费和储备行为。现在，天然气管道运输实行"一部制"价格，单纯按照输气量收取运费，用气高峰和用气低谷时段的管输价格没有变化。不变的井口价格加上不变的管输价格，等于不变的市场销售价格。缺乏价格机制的引导，上游企业、管输企业、下游企业都没有建设储气库的积极性。国家发改委 2005 年《关于陕京管道系统天然气价格有关问题的通知》（以下简称《通知》）规定在陕京二线通气一年后实行"两部制"价格，但价格设计不合理，主要构成部分是管道使用费（见表 7 - 1）。由于容量费所占比例较低（0.073 元/m^3），难以有效激励下游用户建设储气库调节用气峰谷，《通知》规定的"两部制"价格实际上也没有被执行。2013 年天然气价格改革以后，政府对天然气价格实行门站价格管理，在上中游一体化的市场模式下，"两部制"还是"一部制"，不会影响供气企业收入，更加没有意义。

表7-1　陕京管道输气系统供各省（市）
干线管道运输价格两部制费率表

单位：元／m³

省份	管输费率			
	连续供气用户		可中断用户	
	管道容量费率	管道使用费率	最小费率	最大费率
陕西省（神木县）	0.073	0.070	0.070	0.14
山西省	0.073	0.136	0.136	0.209
山东省	0.073	0.222	0.222	0.295
河北省	0.073	0.233	0.233	0.306
北京市	0.073	0.268	0.268	0.341
天津市	0.073	0.300	0.300	0.373
全线平均	0.073	0.241	0.241	0.314

"两部制"价格把管输费分为容量费和运量费，容量费根据最大日合同运输量收取，运量费根据实际输送量收取。由于管道建设运营成本大部分是固定成本，随运量变化的可变成本所占比例很小，"两部制"价格把固定成本和可变成本分摊给容量费和运量费，大部分成本由容量费承担。在"两部制"价格模式下，用户为了保障高峰时段用气，需要支付高额的容

量费，而这部分容量在用气低谷时段将被闲置或者只能低价转让。为了节省管输费，避免浪费管输容量，用户可以选择建设储气库，在低谷时段储存天然气。独立的储气商也可以利用低谷时段低廉的管输费储存天然气，在高峰时段出售。因此，"两部制"运价设计体现用气均衡用户、不均衡用户、可中断用户合理负担管道建设运营成本的原则，有利于鼓励管道用户建设储气设施调节用气峰谷差。只是，相对于储气库建设的巨大投资，"两部制"运价所能提供的储气价值空间非常有限。

三、"储""运"分离，储气服务实行市场定价

"储""运"分离是指储气设施从管输系统分离。天然气管网具有自然垄断属性，储气设施一般不具有自然垄断属性。对于自然垄断的管道运输业务，一般实行政府定价和公平开放政策；而不具有自然垄断属性的储气设施，可以实行市场定价，不执行公平开放政策。储气设施和管道系统并不必然是一体化运营的，但储气设施同时也有提高管输效率、增加运能的作用，因此管道运营企业可以选择把储气库作为管道系统的一部分，也可以选择把储气设施独立出来。如果管道系统运营企业选择把储气设施作为管道系统的一个组成部分，用于提高管道运输能力，就只能收取管道运输费用，而不能再收取储气

费。如果管道运营企业选择把储气设施从管道系统分离出来，就应当在核定管道运输价格时相应核减储气库建设费用成本。

独立储气服务可以实行政府定价，也可以实行市场定价，国办发〔2014〕16 号文件倾向于对独立储气设施实行政府定价，我们建议对独立储气服务实行市场定价。首先，储气设施项目众多，储气规模大小不一，储气成本高低不等，价格主管部门很难对每个项目逐一核定成本并制定符合市场要求的价格。其次，在储气库短缺的形势下，政府放开储气服务价格，短期内将使掌握优质储气库建设资源的企业获得较高收益，有利于鼓励企业投资储气库建设。再次，对储气服务实行市场定价，企业自负盈亏，可以避免所谓"政策性亏损"。储气服务实行市场定价的前提条件是储气设施独立运营，储气服务市场存在有效竞争。如果储气设施与自然垄断的管道运输设施捆绑经营，应当与管道设施一起实行政府定价。如果单一储气库运营企业垄断整个供气地区的储气库建设资源和储气服务市场，政府应当实行价格管制。对于储气库运营企业来说，垄断和自主定价，两者不可兼得。

第三节　实行财政补贴，政府分担部分建设成本

储气库的建设投资巨大，回收周期较长；如果完全依赖价

格机制回收，市场风险较大，还可能给下游造成沉重的价格压力。因此，为了鼓励储气库建设，我们建议中央和地方政府给予一定比例的财政补贴，帮助储气库企业回收部分建设成本，降低市场风险和气价压力。

一、补贴方式

为了调节市场供需、满足应急需求，我国已经建立多种物资的储备制度，如石油储备、煤炭储备、粮食储备、化肥储备、食糖储备、肉类储备、医药医疗器械储备等。这些储备大体可以分为两类：一是国家所有，企业代储；二是企业所有，政府补贴。这些物资储备制度的共同特征是政府补贴的对象是储备行为，有储备就有补贴，没有储备就没有补贴，储备物资接受政府主管部门的调度。政府直接补贴储备行为，有利于政府掌握储备物资，根据市场变化进行吸纳或释放储备物资，对市场进行干预和调节，满足应急或者战略需要。然而，作为计划经济的调节手段，政府直接调度储备物资，存在市场不敏感、利益难协调的问题，甚至滋生腐败犯罪。在课题组所进行的调研中，石油代储企业就提出，石油储备实行国家所有企业代储，政府按照实际储备量向代储企业支付储备费用，储库闲置成本难以回收；希望政府收购储气库，实行企业代管。中央粮食储备实行政府贴息，粮食储备直属库实行企业化管理，在运行过程中不仅发生在粮库选择问题上的权力寻租，还有些储备单位虚报储备套取政府补贴资金。

天然气储备主要是商业储备，不同于石油、粮食等战略物资储备。在补贴方式上，我们建议按照建成的储气能力、不同的储气库类型、固定的补贴标准实行一次性补贴。建成的储气库完全由建设企业按照市场规则自主运营自负盈亏，政府不对储气库下达储气任务。与国家现在对其他物资储备的财政投入相比，这种补贴设计方式有以下特点：第一，按照储气能力确定补贴额，不考虑储气库位置和实际建设成本，可以有效降低行政成本，防止企业虚报成本，鼓励企业节约投资。第二，只对已建成的储气能力发放补贴，防止企业拖延储气库建设。相比之下，现在把储气库建设费用纳入管输费用，管道企业在未实际建设之前就收取储气库费用，缺乏建设储气库的积极性。第三，按照储气设施类型分类补贴，财政补贴只占储气库建设成本的小部分，大部分建设成本还必须通过储气库的实际运营和利用才能得到回收，既可以达到鼓励建设的目的，又可以防止不必要的建设。第四，财政补贴一次性发放，和储气库实际使用情况不挂钩，政府不下达储气任务，不干涉企业经营活动，企业自主经营自负盈亏，可以防止政策性亏损和权力寻租。这种补贴方式的不足是由于按照储气能力实行定额补贴，对于掌握优质资源的企业比较有利，存在某种不公平，但优质资源首先得到利用，符合市场规律。

二、补贴标准

由于储气成本最终将反应在天然气销售价格上，政府对储气库建设给予财政补贴可以帮助企业回收部分建设成本，减轻气价压力。财政补贴标准应当以储气库建设成本为依据，既要对企业有实质帮助，有效调动企业建设储气库的积极性，又要防止补贴额度过高，诱发骗补行为或者不必要的建设。不同类型的储气库，单位库容的建设成本不同，储气和调峰能力也不同。即使是同一类型的储气库，建设成本也存在很大差异。包括征地、勘探、井、地面设施和垫底气在内，不同类型的储气库建设成本见表 7 – 2。

表 7 – 2 不同类型的储气库建设投资成本

单位：元/m³

	欧洲	美国	中国
枯竭油气藏	5.0 ~ 9.2	1.7 ~ 4.2	0.84 ~ 3.3
含水层	5.8 ~ 9.2	2.5 ~ 4.2	2.5 ~ 5.0
盐穴	5.8 ~ 10.8	3.4 ~ 4.2	4.2
液化天然气	9.2 ~ 13.5	6.7 ~ 10.0	6.7 ~ 10.0

续表

	欧洲	美国	中国
内衬岩洞＊	16.7～25		

资料来源：SUEZ，CNPC，＊试验项目。

汇率：¥ =0.12 欧元 =0.16 美元。

如果以储气库实际建设成本为依据确定补贴额，就要对每一个储气库的建设成本进行核定，不仅要花费较高的行政成本，而且容易滋生腐败，促使企业虚报建设成本。因此，我们建议以建成的、经核实的有效库容为依据确定补贴额，同时考虑不同类型储气库的建设成本差异，但不考虑补贴对象的实际建设成本。如果我们取表7-2中各类储气库建设成本的中间价作为确定补贴标准的成本依据，把补贴幅度确定为25%或者35%，则各类储气库按有效库容计算的补贴标准见表7-3。

表7-3 不同类型储气库的补贴标准

单位：元/m³

储气库类型	平均建设成本	补贴标准（25%）	补贴标准（35%）
枯竭油气藏	2.07	0.5175	0.7245
含水层	3.75	0.9375	1.3125
盐穴	4.2	1.05	1.47
液化天然气	8.35	2.0875	2.9225

需要指出的是，储气设施建设财政补贴的对象不仅仅是地

下储气库和沿海 LNG 接收站，而且包括小型 LNG 储罐、高压
气罐等在内的所有储气设施。实际上，小型储气设施的单位储
气能力建设成本远远高于大型储气库、罐的单位储气能力建设
成本。为了降低行政成本，中央财政对所有储气设施，无论储
气能力大小、建设成本高低，只按照分类补贴标准统一补贴。
小型储气库、罐具有主要服务地方的特征，地方政府可以根据
需要和地方财政能力，出台地方补贴政策。

三、补贴规模

目前世界上共有 693 座地下储气库，总工作气量为 $3588 \times 10^8 \mathrm{m}^3$，约占全球天然气消费量的 11.7%。天然气利用发达的
国家储气库工作气量占消费量的比例一般为 17% ~ 20%。日
本完全依赖 LNG 进口，其储备量可满足 80 天消费；欧盟天然
气对外依存度为 61%，储备比例达年消费量的 15%。根据法
国苏伊士公司提供的数据，目前全世界的地下储气库工作气
量，枯竭油气藏储气库占 80%（其中枯竭气藏 75%，枯竭油
藏 5%），地下含水层储气库占 13%，盐穴储气库占 7%。

对补贴规模进行预测的目的只是对财政负担提供一个概念
性的认识。由于缺少必要的基础资料，而且并非本课题的主要
研究内容，我们不对我国未来储气库构成做深入的探讨。假设

到 2015 年我国天然气消费量达 $2500 \times 10^8 m^3$，建成储气能力占消费量 8%；2020 年天然气消费量达 $4000 \times 10^8 m^3$，建成储气能力达消费量 15%；2030 年天然气消费量达 $7000 \times 10^8 m^3$，建成储气能力达消费量 20%。同时，根据国际平均水平结合我国实际情况，假设各种储气方式在总储气能力中所占比例为：枯竭油气藏 70%，含水层 10%，盐穴 5%，液化天然气占 15%。按照分类补贴的标准，如果补贴幅度分别为 25% 和 35%，补贴规模如表 7 - 4 和表 7 - 5 所示。

根据表 7 - 4 和表 7 - 5，如果按照平均建设成本的 25% 确定补贴标准，年均财政补贴规模约为 65 亿元；如果把补贴幅度提高到 35%，年均补贴规模也仅为 92 亿元。2012 年，中央财政支出 6.4 万亿元，北京市公共交通补贴 175 亿元。相对于每年数千亿立方米的天然气消费量，为了保证供气安全，每年不足百亿元的财政补贴是值得的，也是财政可以负担的。

表 7 - 4　储气库建设财政补贴规模（补贴 25%）

		枯竭油气藏	含水层	盐穴	LNG	合计
2015 年（8%）	新增储气能力（$\times 10^8 m^3$）	140	20	10	30	200
	所需补贴额（$\times 10^8$ 元）	72.45	18.75	10.5	62.625	164.325

续表

		枯竭油气藏	含水层	盐穴	LNG	合计
2020 年（15%）	新增储气能力（$\times 10^8 m^3$）	280	40	20	60	400
	所需补贴额（$\times 10^8$元）	144.9	37.5	21	125.25	328.65
	年均补贴额（$\times 10^8$元）	28.98	7.5	4.02	25.05	65.73
2030 年（20%）	新增储气能力（$\times 10^8 m^3$）	560	80	40	120	800
	所需补贴额（$\times 10^8$元）	289.8	75	42	250.5	657.3
	年均补贴额（$\times 10^8$元）	28.98	7.5	4.02	25.05	65.73

表 7-5 储气库建设财政补贴规模（补贴 35%）

		枯竭油气藏	含水层	盐穴	LNG	合计
2015 年（8%）	新增储气能力（$\times 10^8 m^3$）	140	20	10	30	200
	所需补贴额（$\times 10^8$元）	101.43	26.25	14.7	87.675	230.055
2020 年（15%）	新增储气能力（$\times 10^8 m^3$）	280	40	20	60	400
	所需补贴额（$\times 10^8$元）	202.86	52.5	29.4	175.35	460.11
	年均补贴额（$\times 10^8$元）	40.572	10.5	5.88	35.07	92.022

续表

		枯竭油气藏	含水层	盐穴	LNG	合计
2030 年 （20%）	新增储气能力 （$\times 10^8 \text{m}^3$）	560	80	40	120	800
	所需补贴额 （$\times 10^8$元）	405.72	105	58.8	350.7	920.22
	年均补贴额 （$\times 10^8$元）	40.572	10.5	5.88	35.07	92.022

第四节　实行税收减免，激励企业投资储气库建设

税收减免政策的目的是降低储气库建设过程中的税收负担，提高储气库建设运营的盈利预期，激励企业投资储气库建设。税收减免包括两个方面：一是建设阶段的税收减免，二是运营阶段的税收减免。

一、建设阶段实行增值税先退后征

储气库在建设阶段没有营业收入，税收负担主要是垫底气和地面设备采购中的增值税、进口税。根据苏伊士公司提供的资料，地下储气库投资成本包括征地、勘探、井、地面设施和垫底气。除征地成本之外，各项成本支出在储气库建设中所占

的比例如表 7 - 6。

表 7 - 6　预计平均储气库投资成本组成

	勘探	垫底气	地面设施	井
枯竭油气藏	5%	30%	45%	20%
含水层	15%	40%	20%	25%
盐穴	5%	15%	50%	30%
LNG	0%	0%	100%	0%

资料来源：SUEZ。

垫底气是地下储气库建设总投资的重要组成部分，但不具有固定资产的特征，因此按规定该项投资不应予以资本化计提折旧，同时也不符合无形资产和其他资产的定义，不能作为无形资产和其他资产进行摊销处理。但是，考虑到其购入资产的时间价值，现在一般根据储气库年运行工作气量按费用年值法进行计算。根据《增值税暂行条例》，销售或进口天然气的增值税税率为 13%。增值税为价外税，假设某储气库建设总投资 30 亿元，其中垫底气成本占 40%（12 亿元），则购气成本中含增值税 $12 - 12 \div (1 + 13\%) = 1.38$ 亿元。增值税在制度设计上是可以转嫁的流转税，但是由于作为垫底气的天然气并未销售，而是被重新注入地下，储气库企业无法及时转嫁这部分税负。

地面设施和工程费用是储气库建设成本中最重要的组成部

分，在盐穴储气库和 LNG 储气库建设中，地面设施在总投资中所占比例更高。地面设施投资属于固定资产投资，2009 年增值税改革后，实行消费型增值税，允许当年购入固定资产的增值税全额抵扣。在营业税改增值税后，储气库建设中采购的设施、支出的工程费用都包含可抵扣的进项增值税。根据增值税暂行条例，普通货物、应税劳务增值税税率为 17%，前述总投资 30 亿元的储气库，除 40% 为垫底气外，其他 60%（18 亿元）投资包含的增值税为 $18 - 18 \div (1 + 17\%) = 2.615$ 亿元。

综上，该储气库建设投资中国家征收的增值税总额达 4 亿元。为了鼓励储气库建设，我们建议对储气库建设中包含的增值税实行"先退后征"，即国家把建设投资中包含的进项税额先退还给企业，储气企业销售天然气或者提供储气服务，按照销项税额征税，已经退还的进项税额不得再行抵扣。在我国实行的分税制中，增值税属于中央和地方共享税，中央和地方的分成比例为 75：25。由于储气库所在地并未实际获得地方分成部分的增值税，为了不增加储气库所在地负担，我们建议增值税"先退"只退中央分享部分。地方分享部分不退，仍然在销项税额中抵扣。按照这个标准，前述储气库可在建设阶段节省投资 3 亿元。

增值税"先退后征"，既不同于增值税征收中的抵扣制度，也不同于国家现在对进口天然气实行的增值税退税。根据增值税抵扣的有关规定，如果当年进项税额高于销项税额，只能结转到下年抵扣，当年的税收负担并不能减少。而增值税"先退"，是按照储气库企业已经拿到的进项税额发票退税，能够有效减少当年的税收负担。根据进口天然气增值税退税的规定，已退的税额仍然可以视为已交，在销项税额中抵扣，不然退税就失去了意义。而储气库建设增值税的"后征"，是在储气库建成投产后发生销项税额时，按照销项税额征收，已退的进项增值税额不能抵扣。这样，既减轻了储气库建设阶段的税收负担，又能够避免企业利用多报垫底气量逃税。"先退后征"实质上是把国家征收增值税的时间延后，在储气库建设阶段国家不收增值税，在发生销项收入时一并征收。

过去国家为了鼓励石油产业发展和外商投资，曾经实行石油设备和外商投资企业进口设备免征进口环节税。在调研中，有企业提出储气库建设中对进口设备免征进口环节税。经过测算，这部分税收在储气库建设中所占比例不大，而且与鼓励设备国产化的政策相冲突，长期来看不利于降低储气库建设成本，因此不建议减免设备进口环节税。

二、对储气库项目实行企业所得税优惠

储气库运营阶段的税负主要是营业税、增值税和企业所得

税。如果储气服务实行营业税改增值税，储气企业的主要税负是增值税和企业所得税。为了降低储气库建设阶段的税收负担，上一节提出对增值税实行"先退后征"，即在产生运营收入的阶段征收增值税。因此，运营阶段的税收减免主要是企业所得税减免。

《中华人民共和国企业所得税法》第27条规定，企业从事国家重点扶持的公共基础设施项目投资经营的所得，可以免征、减征企业所得税。《中华人民共和国企业所得税法实施条例》第87条规定，国家重点扶持的公共基础设施项目，是指《公共基础设施项目企业所得税优惠目录》规定的港口码头、机场、铁路、公路、城市公共交通、电力、水利等项目。我们建议在《目录》中增列各种储气设施为公共基础设施项目，按照条例的规定实行"三免三减"政策，即储气库项目经营所得，自取得第一笔生产经营收入所属纳税年度起，第一年至第三年免征企业所得税，第四年至第六年减半征收企业所得税。

根据《中华人民共和国企业所得税法实施条例》的规定，企业承包经营、承包建设和内部自建自用本条规定的项目，不得享受第87条规定的企业所得税优惠。因此，储气库企业可以自主决定是否申请享受企业所得税优惠。如果企业申请享受企业所得税优惠，就要按照公共基础设施进行管理，实行第三方公平准入和政府价格管制。

第五节　制定储气设施发展规划，
提供公开信息服务

储气库建设是企业经营行为，应由企业根据市场需求自主决策，既不宜由国家直接投资建设，也不宜由政府代替企业做投资决策。但是，以市场导向为主的政策设计，政府并非无所作为。政府在储气设施建设中的作用是通过制定行业发展规划和提供公开信息服务，引导企业做出符合市场需求的决策。

一、制定储气设施发展规划

2014 年 2 月国家发展改革委颁布的《天然气基础设施建设与运营管理办法》（以下简称《办法》）规定，国家对天然气基础设施建设实行统筹规划，国家发展改革委、国家能源局组织编制全国天然气基础设施发展规划，省、自治区、直辖市人民政府天然气主管部门组织编制本行政区域天然气基础设施发展规划。天然气基础设施发展规划的内容，包括天然气气源、供应方式及规模，天然气消费现状、需求预测，天然气输送管道、储气设施建设现状、发展目标、项目布局、用地、用海和用岛需求、码头布局与港口岸线利用、建设投资和保障措施等。

国家发展改革委、国家能源局和各级地方人民政府天然气主管部门应当落实《办法》要求，研究调查主要用气地区天然气储备需求和储气设施建设资源条件究，制定天然气储备设施发展规划。地方政府应当把天然气储备设施作为基础设施建设项目纳入地方发展规划，对储气设施建设用地优先予以支持，帮助企业解决储气设施建设选址和用地问题。需要强调的是，由于储气设施建设投资巨大、市场风险较高，政府主管部门掌握的地质、技术、市场信息有限，尤其是政府主管部门并非经营投资风险的承担者，政府主管部门在制定行业发展规划的同时要充分尊重企业经营决策权，尽量避免政府代替企业做投资决策，而应当着重于完善市场机制，让市场选择企业，让企业自主决策。

二、提供公开信息服务

储气设施建设投资巨大，为了保证投资收益，企业决策需要大量信息支持，例如本地区天然气市场规模、调峰和应急需求、是否多气源、管道走向和输送能力、管输价格、已建储气能力等。然而，单个企业信息搜集能力有限，很难获得储气库建设决策所必须的足够市场信息，容易造成投资决策的盲目性。政府主管部门可以通过行业统计、企业申报等渠道获得相关信息，在保护商业机密、不对信息提供企业经营活动造成不利影响的前提下，政府主管部门应当尽量公开天然气行业发展信息，为企业投资决策提供信息支持。

政府主管部门提供公开信息服务的方式多种多样，可以是制定和公布行业发展规划，也可以是定期发布行业发展报告，但这两种方式都存在信息量小、不及时的问题。建议能源行业主管部门成立类似于美国能源信息署的能源情报机构，专职搜集、整理和统一发布能源行业信息，帮助政府主管部门、能源企业和相关机构正确决策，引导包括天然气在内的整个能源行业健康发展。政府通过公信息服务，引导企业自主决策、投资并承担市场风险，让市场在资源配置中发挥主导作用，符合十八届三中全会决议的精神，也符合建设服务型政府的理念和要求。

第六节 鼓励合作建设储气设施，创新商业模式

一、盘活建库资源

目前技术条件下，天然气储备的主要方式是利用枯竭油气

藏、盐穴和含水岩层建设地下储气库，其中枯竭油气藏、盐穴是最重要的储气库建设方式。据 EIA 数据，美国现在拥有的414 座地下储气库中，枯竭油气藏储气库有 330 座，储气能力占 81.3%；盐穴储气库有 40 座，储气能力占 10.67%。其中，盐穴储气库虽然在总储气能力中所占比例不高，但由于盐穴储气库更像是一个地下高压储气罐，具有能够快进快出的特点，其实际能够发挥的调峰应急作用要远远高于其在总储气能力中所占的比例。

和美国地下矿产资源归土地所有者不同，我国油气矿产资源和地下盐矿都属于国家所有。在垄断经营管理体制下，适于建设储气库的油气藏和盐矿资源分别掌握在国有石油公司和盐业公司手中，其他企业很难获得地下储气库建设所需的地质构造。拥有建库资源的企业如果没有建库积极性，不仅可能造成建库资源闲置（如枯竭油气田），还会造成建库资源破坏（如采盐）。为了盘活建库资源，促进储气库建设，国家可以通过"招、拍、挂"方式释放一部分建库资源，企业也可以采取多种形式合作建设储气库。

中石油为西气东输工程配套的金坛盐穴储气库，由于造腔过程中生产的卤水无法处理，工程建设缓慢。据中石油有关人员讲，中石油把采出的卤水白送人家都不要，甚至还要倒贴钱，大大提高了建库周期和建库成本。同样是在金坛地区建设盐穴储气库，港华公司采取和盐业公司合作建库的双赢模式：盐业公司负责采盐造腔，港华公司负责注采设施和地面工程建设；储气库归盐业公司所有，港华公司和盐业公司签订长期租赁合同，按年向盐业公司缴纳租金。在这种合作模式下，盐业公司采盐之后还能够获得长期租金收益，因此愿意积极配合建库；港华公司节省了建库投资，每年只需要缴纳少量租金，经济上也十分合算。

二、吸纳技术、资金和管理经验

我国虽然已经建设了一些储气库，但在储气库建设和运营管理方面的经验还很不足，储气库类型也很有限，还没有建设含水岩层储气库的经验，也缺乏储气库独立运营的商业模式。而在欧美等市场发达国家，储气库建设和运营已经有上百年的历史，拥有建设和运营储气库的丰富经验，先后发展了枯竭油气藏储气、盐穴储气、地下含水层储气、LNG 储气、高压气罐储气等多种储气方式，甚至还在探索内衬岩洞储气。引进国外投资者，独资或者合资在我国建设运营储气库，有利于促进我国储气库建造技术进步，探索新的商业模式，加快我国储气设施建设进程。

根据国家发展改革委、商务部 2011 年《外商投资产业指导目录》，输油（气）管道、油（气）库建设经营属于国家鼓励外商投资的项目。外商在我国投资储气库建设运营之所以缺少进展，主要是由于两个方面的问题：一是气价改革不到位，缺少有支付能力的市场需求；二是枯竭油气藏、地下盐穴、含水岩层等建库资源难以获得。在明确储气义务、严格供气责任、理顺价格机制的前提下，储气服务需求问题将逐步得到解决。在建库资源获得方面，政府除了鼓励外商与国内天然气公司、盐业公司合作建库以外，还可以拿出部分建库资源鼓励外资企业独立建库。外商独资储气库的成功运营，必然会对国内相关企业形成示范效应。

储气库建设投资巨大，国办发〔2014〕16 号文件提出，优先支持天然气销售企业和所供区域用气峰谷差超过 3∶1、民生用气占比超过 40% 的城镇燃气经营企业建设储气设施，符合条件的企业可以发行项目收益债券筹集资金用于储气设施建设。除了上述发债方式筹集资金外，对于非垄断性的储气设施，还可以放开调峰气价和储气服务价格，鼓励各种资本独资或者与天然气企业合作，直接投资储气设施建设、运营，降低储气企业还本付息的财务压力。

第八章

天然气储备能力建设政策路径分析

天然气储备能力建设相关政策不是彼此孤立存在的，而是构成一个相互联系的政策系统（见图 8-1）。政策系统中的各项政策内容相互支撑、相互制约，单一政策措施很难实现促进储气能力建设的政策目标。公共政策具有多因多果的特点，一项目标的达成，常常需要多个方面政策的共同作用；同样的政策目标，可以通过不同的政策措施和路径实现；一项政策措施，往往具有多个方面的影响。政府部门制定鼓励天然气储备能力建设的政策，应当注意政策的系统性特点。

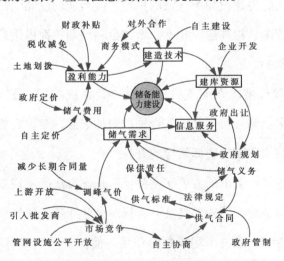

图 8-1 天然气储备能力建设相关政策措施

1. 企业投资建设天然气储备设施，需要具备五个方面的条件：储气需求、建库资源、建造技术、盈利能力和信息服务，缺一不可。

储气设施是为储备天然气而建设的，如果缺少储气需求，则储气库不必建设；建库资源和建造技术是建设储气库的基本条件，如果缺少建库资源或者建造技术，则储气库无从建设；企业是追求利润的组织，如果储气设施不具有盈利前景，则企业不愿建设；储气设施建设是建立在市场判断基础之上的，如果缺少储气需求和建库资源方面的必要信息，则企业无法确定是否需要建设或者在哪里建设。

储气能力建设相关政策的拟定，应当从创造储气需求、释放建库资源、提高建库技术、增加盈利预期、提供信息服务五个方面着手。

2. 储气需求在储气设施建设政策系统中居于核心地位。储气需求是储气费用和储气设施盈利的来源，而盈利能力将促进建造技术和新的建库资源的开发。

创造储气需求的方式有两种：一是颁布法律法规或者用行政命令的办法，明确储气义务，强制企业储备天然气；二是放松价格管制，通过市场机制的作用，使储备天然气有利可图，引导企业储备天然气。强制和引导的办法，都可以达到建立天然气储备的目的，但是效果可能有所不同。过分依赖政府强制办法，企业缺乏储气的内在动力，可能会采取拖延、谎报等方式抵制储气要求，危害供气安全，并造成储气库资源的浪费和供气成本提高。市场引导办法，企业出于对利润的追求储备天然气，可以降低政府监管成本。但完全依赖市场引导，储气市场可能根本无法启动。

无论是强制办法还是市场引导办法，都必须以严格的法律责任为基础。不建立有威慑力的责任机制，强制办法和市场引导办法都不能发挥作用。

3. 建库资源可以分为两类：一是现在已知的储气方式，如枯竭油气藏、含水岩层、地下盐穴、LNG 储罐、高压气罐等；二是随着技术进步可能开发的新的储气方式，如 LNG 储气相对于传统储气方式就是新方式，国外还正在探索内衬岩洞储气。从政策制定的角度，主要考虑已知储气方式和建库资源，同时鼓励研究开发新型储气方式。

在已知储气方式中，LNG 储气比较灵活，特别是中小型LNG 储罐，几乎不受地理条件限制。枯竭油气藏、地下盐穴等建库资源有限，政府应当在普查的基础上制定建库规划，引导相关企业建造储气库。占有资源的企业不愿建设储气库的，政府可以通过法律途径收回资源，通过"招、拍、挂"方式出让建库资源给愿意建库的企业。独立储气库的存在，有利于提高储气服务市场的竞争程度，为储气服务自主定价提供条件。

4. 储气设施建造和管理技术的获得，可以是自主研发，也可以采取对外合作方式，由企业自主决定，政府不予限制。储气设施盈利预期的提高，有利于促使企业积极投入储气设施建造技术的研发和创新。

储气设施建造技术和商业模式的创新，可能创造新的建库资源。新的建库资源可能是新的储气方式，也可能是使过去无法利用的建库资源变得可以利用。

5. 储气设施盈利能力是企业投资建设储气设施的内在动力。

增加储气设施盈利预期，一是创造储气需求，储气设施可以通过提供储气服务收取储气费用，获得经营收入；二是通过土地划拨、税收减免、财政补贴等方式降低储气库建设费用、弥补部分建库成本，减轻储气库建设运营企业的成本回收压力。建造和运营管理方面的技术进步，也有助于降低储气库建设运营成本，增加储气库盈利能力。

6. 储气费用可以实行政府定价，也可以实行自主定价。选择政府定价还是自主定价的依据是市场垄断程度。由于储气方式多种多样，储气设施规模大小不一，政府定价的对象主要是储气规模较大、自然垄断性较强的地下储气库。如果一个地区存在多个主体运营的储气库之间的竞争，应当实行储气服务自主定价，降低行政成本，避免"政策性亏损"。对于垄断型强、与管输系统一体化运营的储气库，应当纳入管输费用实行政府定价。

7. 企业可以通过多种渠道获得建设储气设施所必须的决策信息，包括储气服务需求和建库资源方面的信息。其中，政府制定、颁布的储气设施建设发展规划是最重要、最权威的信息来源。

政府在促进储气设施建设中的作用，除了制定储气设施建设发展规划，还包括制定政策和法律，拟定天然气供应标准合同，制定供气标准，监督供气企业履行储气和保供义务，监督天然气管网设施公平开放，对垄断性储气设施实行政府定价等。

8. 储气费用来自储气需求，创造储气需求的市场引导办法主要是实行调峰气价。调峰气价是合同方式明确储气义务和保供责任的基础，没有调峰气价，供气企业一定会采取各种方式避免承担调峰责任。

调峰气价不是政府定价，而是市场定价。实行市场定价的前提是竞争性的天然气市场，实现供气主体多元化。实现供气主体多元化的方式，一是开放上游生产和进口市场，二是引入批发商，实现批发商之间的竞争，三是天然气管网实行公平开放。在市场垄断结构未能改变的情况下，削减长期合同供气量，发展现货市场，对现货市场实行市场定价，也是促进储气设施建设的一个途径。

9. 创造储气需求的强制办法可以是法律规定、政府命令，也可以是合同约定。

在竞争性市场上，天然气销售价格由市场供需确定，买卖双方可以通过自主协商签订供气合同，在合同中约定供气标准、供气责任甚至储气义务。在垄断的天然气市场，天然气价格由政府制定，买卖双方谈判地位不平等，无法通过自主协商确定储气义务和保供责任，需要政府对合同内容进行管制，通过颁布标准供气合同确定供气标准、储气义务和保供责任。

附 录

中共中央、国务院印发
《关于深化石油天然气体制改革的
若干意见》

　　新华社北京 5 月 21 日电近日，中共中央、国务院印发了《关于深化石油天然气体制改革的若干意见》（以下简称《意见》），明确了深化石油天然气体制改革的指导思想、基本原则、总体思路和主要任务。

　　《意见》指出，深化石油天然气体制改革，要全面贯彻党的十八大和十八届三中、四中、五中、六中全会精神，深入贯彻习近平总书记系列重要讲话精神和治国理政新理念新思想新战略，认真落实党中央、国务院决策部署，统筹推进"五位一体"总体布局和协调推进"四个全面"战略布局，牢固树立和贯彻落实新发展理念，全面实施国家能源战略，坚持社会主义市场经济改革方向，正确处理好企业、市场、政府之间的关系，发挥市场在资源配置中的决定性作用和更好发挥政府作用，以保障国家能源安全、促进生产力发展、满足人民群众需要为目标，建立健全竞争有序、有法可依、监管有效的石油天然气体制，实现国家利益、企业利益、社会利益有机统一。

　　《意见》强调，深化石油天然气体制改革要坚持问题导向和市场化方向，体现能源商品属性；坚持底线思维，保障国家能源安全；坚持严格管理，确保产业链各环节安全；坚持惠民利民，确保油气供应稳定可靠；坚持科学监管，更好发挥政府作用；坚持节能环保，促进油气资源高效利用。

　　《意见》明确，深化石油天然气体制改革的总体思路是：针对石油天然气体制存在的深层次矛盾和问题，深化油气勘查开采、进出口管理、管网运营、生产加工、产品定价体制改革和国有油气企业改革，释放竞争性环节市场活力和骨干油气企业活力，提升资源接续保障能力、国际国内资源利用能力和市场风险防范能力、集约输送和公平服务能力、优质油气产品生产供应能力、油气战略安全保障供应能力、全产业链安全清洁运营能力。通过改革促进油气行业持续健康发展，大幅增加探明资源储量，不断提高资源配置效率，实现安全、高效、创新、绿色，保障安全、保证供应、保护资源、保持市场稳定。

《意见》部署了八个方面的重点改革任务。

一是完善并有序放开油气勘查开采体制，提升资源接续保障能力。实行勘查区块竞争出让制度和更加严格的区块退出机制，加强安全、环保等资质管理，在保护性开发的前提下，允许符合准入要求并获得资质的市场主体参与常规油气勘查开采，逐步形成以大型国有油气公司为主导、多种经济成分共同参与的勘查开采体系。

二是完善油气进出口管理体制，提升国际国内资源利用能力和市场风险防范能力。建立以规范的资质管理为主的原油进口动态管理制度。完善成品油加工贸易和一般贸易出口政策。

三是改革油气管网运营机制，提升集约输送和公平服务能力。分步推进国有大型油气企业干线管道独立，实现管输和销售分开。完善油气管网公平接入机制，油气干线管道、省内和省际管网均向第三方市场主体公平开放。

四是深化下游竞争性环节改革，提升优质油气产品生产供应能力。制定更加严格的质量、安全、环保和能耗等方面技术标准，完善油气加工环节准入和淘汰机制。提高国内原油深加工水平，保护和培育先进产能，加快淘汰落后产能。加大天然气下游市场开发培育力度，促进天然气配售环节公平竞争。

五是改革油气产品定价机制，有效释放竞争性环节市场活力。完善成品油价格形成机制，发挥市场决定价格的作用，保留政府在价格异常波动时的调控权。推进非居民用气价格市场化，进一步完善居民用气定价机制。依法合规加快油气交易平台建设，鼓励符合资质的市场主体参与交易，通过市场竞争形成价格。加强管道运输成本和价格监管，按照准许成本加合理收益原则，科学制定管道运输价格。

六是深化国有油气企业改革，充分释放骨干油气企业活力。完善国有油气企业法人治理结构，鼓励具备条件的油气企业发展股权多元化和多种形式的混合所有制。推进国有油气企业专业化重组整合，支持工程技术、工程建设和装备制造等业务进行专业化重组，作为独立的市场主体参与竞争。推动国有油气企业"瘦身健体"，支持国有油气企业采取多种方式剥离半社会职能和解决历史遗留问题。

七是完善油气储备体系，提升油气战略安全保障供应能力。建立完善政府储备、企业社会责任储备和企业生产经营库存有机结合、互为补充的储备体系。完善储备设施投资和运营机制，加大政府投资力度，鼓励社会资本参与储备设施投资运营。建立天然气调峰政策和分级储备调峰机制。明确政府、供气企业、管道企业、城市燃气公司和大用户的储备调峰责任与义务，供气企业和管道企业承担季节调峰责任和应急责任，地方政府负责协调落实日调峰责任主体，鼓励供气企业、管道企业、城市燃气公司和大用户在天然气购销合同中协商约定日调峰供气责任。

八是建立健全油气安全环保体系，提升全产业链安全清洁运营能力。加强油气开发利用全过程安全监管，建立健全油气全产业链安全生产责任体系，完善安全风险应对和防范机制。

《意见》强调，深化石油天然气体制改革关系国家安全、经济发展、人民福祉和社会稳定，要按照整体设计、重点突破、稳妥推进、务求实效的要求，确保改革规范有序进行。各地区各部门及重点油气企业要切实增强大局意识，坚决贯彻落实党中央决策部署，制定切实可行的专项工作方案及相关配套措施，确保深化石油天然气体制改革的各项工作顺利有序推进。

中华人民共和国国家发展和改革委员会令

第 8 号

《天然气基础设施建设与运营管理办法》已经国家发展和改革委员会主任办公会审议通过，现予以公布，自 2014 年 4 月 1 日起施行。

主任　徐绍史
2014 年 2 月 28 日

天然气基础设施建设与运营管理办法

第一章　总　　则

第一条　为加强天然气基础设施建设与运营管理，建立和完善全国天然气管网，提高天然气基础设施利用效率，保障天然气安全稳定供应，维护天然气基础设施运营企业和用户的合法权益，明确相关责任和义务，促进天然气行业持续有序健康发展，制定本办法。

第二条　中华人民共和国领域和管辖的其他海域天然气基础设施规划和建设、天然气基础设施运营和服务，天然气运行调节和应急保障及相关管理活动，适用本办法。

本办法所称天然气基础设施包括天然气输送管道、储气设施、液化天然气接收站、天然气液化设施、天然气压缩设施及相关附属设施等。

城镇燃气设施执行相关法律法规规定。

第三条　本办法所称天然气包括天然气、煤层气、页岩气和煤制气等。

第四条　天然气基础设施建设和运营管理工作应当坚持统筹规

划、分级管理、明确责任、确保供应、规范服务、加强监管的原则，培育和形成平等参与、公平竞争、有序发展的天然气市场。

第五条　国家发展改革委、国家能源局负责全国的天然气基础设施建设和运营的管理工作。

县级以上地方人民政府天然气主管部门负责本行政区域的天然气基础设施建设和运营的行业管理工作。

第六条　国家鼓励、支持各类资本参与投资建设纳入统一规划的天然气基础设施。

国家能源局和县级以上地方人民政府天然气主管部门应当加强对天然气销售企业、天然气基础设施运营企业和天然气用户履行本办法规定义务情况的监督管理。

第七条　国家鼓励、支持天然气基础设施先进技术和装备的研发，经验证符合要求的优先推广应用。

第二章　天然气基础设施规划和建设

第八条　国家对天然气基础设施建设实行统筹规划。天然气基础设施发展规划应当遵循因地制宜、安全、环保、节约用地和经济合理的原则。

第九条　国家发展改革委、国家能源局根据国民经济和社会发展总体规划、全国主体功能区规划要求，结合全国天然气资源供应和市场需求情况，组织编制全国天然气基础设施发展规划。

省、自治区、直辖市人民政府天然气主管部门依据全国天然气基础设施发展规划并结合本行政区域实际情况，组织编制本行政区域天然气基础设施发展规划，并抄报国家发展改革委和国家能源局。

天然气基础设施发展规划实施过程中，规划编制部门要加强跟踪监测，开展中期评估，确有必要调整的，应当履行原规划编制审批程序。

第十条　天然气基础设施发展规划应当包括天然气气源、供应方式及其规模，天然气消费现状、需求预测，天然气输送管道、储气设施等基础设施建设现状、发展目标、项目布局、用地、用海和用岛需求、码头布局与港口岸线利用、建设投资和保障措施等内容。

第十一条 天然气基础设施项目建设应当按照有关规定履行审批、核准或者备案手续。申请审批、核准或者备案的天然气基础设施项目应当符合本办法第九条所述规划。对未列入规划但又急需建设的项目，应当严格规范审查程序，经由规划编制部门委托评估论证确有必要的，方可履行审批、核准或者备案手续。未履行审批、核准或者备案手续的天然气基础设施项目不得开工建设。

由省、自治区、直辖市人民政府审批或者核准的天然气基础设施项目的批复文件，应当抄报国家发展改革委。

第十二条 天然气基础设施建设应当遵守有关工程建设管理的法律法规的规定，符合国家有关工程建设标准。

经审批、核准或者备案的天然气基础设施项目建设期间，原审批、核准或者备案部门可以自行组织或者以委托方式对审批、核准或者备案事项进行核查。

第十三条 经审批的天然气基础设施项目建成后，原审批部门应当按照国家有关规定进行竣工验收。

经核准、备案的天然气基础设施项目建成后，原核准、备案部门可以自行组织或者以委托方式对核准、备案事项进行核查，对不符合要求的书面通知整改。项目单位应当按照国家有关规定组织竣工验收，并自竣工验收合格之日起三十日内，将竣工验收情况报原核准、备案部门备案。

第十四条 国家鼓励、支持天然气基础设施相互连接。

相互连接应当坚持符合天然气基础设施发展规划、保证天然气基础设施运营安全、保障现有用户权益、提高天然气管道网络化水平和企业协商确定为主的原则。必要时，国家发展改革委、国家能源局和省、自治区、直辖市人民政府天然气主管部门给予协调。

第十五条 天然气基础设施发展规划在编制过程中应当考虑天然气基础设施之间的相互连接。

互连管道可以作为单独项目进行投资建设，或者纳入相互连接的天然气基础设施项目。互连管道的投资分担、输供气和维护等事宜由相关企业协商确定，并应当互为对方提供必要的便利。

天然气基础设施项目审批、核准的批复文件中应对连接方案提出明确要求。

第三章　天然气基础设施运营和服务

第十六条　天然气基础设施运营企业同时经营其它天然气业务的，应当建立健全财务制度，对天然气基础设施的运营业务实行独立核算，确保管道运输、储气、气化、液化、压缩等成本和收入的真实准确。

第十七条　国家能源局及其派出机构负责天然气基础设施公平开放监管工作。天然气基础设施运营企业应当按照规定公布提供服务的条件、获得服务的程序和剩余服务能力等信息，公平、公正地为所有用户提供管道运输、储气、气化、液化和压缩等服务。

天然气基础设施运营企业不得利用对基础设施的控制排挤其他天然气经营企业；在服务能力具备的情况下，不得拒绝为符合条件的用户提供服务或者提出不合理的要求。现有用户优先获得天然气基础设施服务。

国家建立天然气基础设施服务交易平台。

第十八条　天然气基础设施运营企业应当遵守价格主管部门有关管道运输、储气、气化等基础设施服务价格的规定，并与用户签订天然气基础设施服务合同。

第十九条　通过天然气基础设施销售的天然气应当符合国家规定的天然气质量标准，并符合天然气基础设施运营企业的安全和技术要求。

天然气基础设施运营企业应当建立健全天然气质量检测制度。不符合前款规定的，天然气基础设施运营企业可以拒绝提供运输、储存、气化、液化和压缩等服务。

全国主干管网的国家天然气热值标准另行制定。

第二十条　天然气基础设施需要永久性停止运营的，运营企业应当提前一年告知原审批、核准或者备案部门、供气区域县级以上地方人民政府天然气主管部门，并通知天然气销售企业和天然气用户，不得擅自停止运营。

天然气基础设施停止运营、封存、报废的，运营企业应当按照国家有关规定处理，组织拆除或者采取必要的安全防护措施。

第二十一条　天然气销售企业、天然气基础设施运营企业和天然气用户应当按照规定报告真实准确的统计信息。

有关部门应当对企业报送的涉及商业秘密的统计信息采取保密措施。

第四章　天然气运行调节和应急保障

第二十二条　县级以上地方人民政府天然气运行调节部门应当会同同级天然气主管部门、燃气管理部门等，实施天然气运行调节和应急保障。

天然气销售企业、天然气基础设施运营企业和城镇天然气经营企业应当共同负责做好安全供气保障工作，减少事故性供应中断对用户造成的影响。

第二十三条　同二十二条前提，另需加强天然气需求侧管理。

国家鼓励具有燃料或者原料替代能力的天然气用户签订可中断购气合同。

第二十四条　通过天然气基础设施进行天然气交易的双方，应当遵守价格主管部门有关天然气价格管理规定。

天然气可实行居民用气阶梯价格、季节性差价、可中断气价等差别性价格政策。

第二十五条　天然气销售企业应当建立天然气储备，到 2020 年拥有不低于其年合同销售量 10% 的工作气量，以满足所供应市场的季节（月）调峰以及发生天然气供应中断等应急状况时的用气要求。城镇天然气经营企业应当承担所供应市场的小时调峰供气责任。由天然气销售企业和城镇天然气经营企业具体协商确定所承担的供应市场日调峰供气责任，并在天然气购销合同中予以约定。

天然气销售企业之间因天然气贸易产生的天然气储备义务转移承担问题，由当事双方协商确定并在天然气购销合同中予以约定。

天然气销售企业和天然气用户之间对各自所承担的调峰、应急供用气等具体责任，应当依据本条规定，由当事双方协商确定并在天然气购销合同中予以约定。

县级以上地方人民政府应当建立健全燃气应急储备制度，组织编制燃气应急预案，采取综合措施提高燃气应急保障能力，至少形成不低于保障本行政区域平均 3 天需求量的应急储气能力，在发生天然气输送管道事故等应急状况时必须保证与居民生活密切相关的民生用气供应安全可靠。

第二十六条　可中断用户的用气量不计入计算天然气储备规模的基数。

承担天然气储备义务的企业可以单独或者共同建设储气设施储备天然气，也可以委托代为储备。

国家采取措施鼓励、支持企业建立天然气储备，并对天然气储备能力达到一定规模的企业，在政府服务等方面给予重点优先支持。

第二十七条　天然气基础设施运营企业应当依据天然气运输、储存、气化、液化和压缩等服务合同的约定和调峰、应急的要求，在保证安全的前提下确保天然气基础设施的正常运行。

第二十八条　县级以上地方人民政府天然气运行调节部门、天然气主管部门、燃气管理部门应当会同有关部门和企业制定本行政区域天然气供应应急预案。

天然气销售企业应当会同天然气基础设施运营企业、天然气用户编制天然气供应应急预案，并报送所供气区域县级以上地方人民政府天然气运行调节部门、天然气主管部门和燃气管理部门备案。

第二十九条　天然气销售企业需要大幅增加或者减少供气（包括临时中断供气）的，应当提前 72 小时通知天然气基础设施运营企业、天然气用户，或者天然气用户暂时停止或者大幅减少提货的，应当提前 48 小时通知天然气销售企业、天然气基础设施运营企业，并向供气区域县级以上地方人民政府天然气运行调节部门、天然气主管部门和燃气管理部门报告，同时报送针对大幅减少供气（包括临时中断供气）情形的措施方案，及时做出合理安排，保障天然气稳定供应。天然气基础设施运营企业需要临时停止或者大幅减少服务的，应当提前半个月通知天然气销售企业、天然气用户，并向供气区域县级以上地方人民政府天然气运行调节部门、天然气主管部门和燃气管理部门报送措施方案，及时做出合理安排，保障天然气稳定供应。因突发事件影响天然气基础设施提供服务的，天然气基础设施运营企业应当及时向供气区域县级以上地方人民政府天然气运行调节部门、天然气主管部门和燃气管理部门报告，采取紧急措施并及时通知天然气销售企业、天然气用户。

第三十条 县级以上地方人民政府天然气运行调节部门、天然气主管部门和燃气管理部门应当会同有关部门和企业对天然气供求状况实施监测、预测和预警。天然气供应应急状况即将发生或者发生的可能性增大时，应当提请同级人民政府及时发布应急预警。天然气基础设施运营企业、天然气销售企业及天然气用户应当向天然气运行调节部门、天然气主管部门报送生产运营信息及第二十九条规定的突发情形。有关部门应对企业报送的涉及商业秘密的信息采取保密措施。

第三十一条 发生天然气资源锐减或者中断、基础设施事故及自然灾害等造成天然气供应紧张状况时，天然气运行调节部门可以会同同级天然气主管部门采取统筹资源调配、协调天然气基础设施利用、施行有序用气等紧急处置措施，保障天然气稳定供应。省、自治区、直辖市天然气应急处理工作应当服从国家发展改革委的统一安排。天然气销售企业、天然气基础设施运营企业和天然气用户应当服从应急调度，承担相关义务。

第五章 法律责任

第三十二条 对不符合本办法第九条所述规划开工建设的天然气基础设施项目，由项目核准、审批部门通知有关部门和机构，在职责范围内依法采取措施，予以制止。

第三十三条 违反本办法第十六条规定，未对天然气基础设施运营业务实行独立核算的，由国家能源局及其派出机构给予警告，责令限期改正。

第三十四条 违反本办法第十七条规定，拒绝为符合条件的用户提供服务或者提出不合理要求的，由国家能源局及其派出机构责令改正。违反《反垄断法》的，由反垄断执法机构依据《反垄断法》追究法律责任。

第三十五条　违反本办法第十八条规定的，由价格主管部门依据《价格法》、《价格违法行为行政处罚规定》等法律法规予以处罚。

第三十六条　违反本办法第二十条规定，擅自停止天然气基础设施运营的，由天然气主管部门给予警告，责令其尽快恢复运营；造成损失的，依法承担赔偿责任。

第三十七条　违反本办法第二十五条规定，未履行天然气储备义务的，由天然气主管部门给予警告，责令改正；造成损失的，依法承担赔偿责任。

第三十八条　违反本办法第二十九条规定的，由天然气运行调节部门给予警告，责令改正；造成损失的，依法承担赔偿责任。

第三十九条　相关主管部门未按照本办法规定履行职责的，对直接负责的主管人员和其他直接责任人员依法进行问责和责任追究。

第六章　附　则

第四十条　本办法中下列用语的含义是：

（一）天然气输送管道：是指提供公共运输服务的输气管道及附属设施，不包括油气田、液化天然气接收站、储气设施、天然气液化设施、天然气压缩设施、天然气电厂等生产作业区内和城镇燃气设施内的管道。

（二）液化天然气接收站：是指接收进口或者国产液化天然气（LNG），经气化后通过天然气输送管道或者未经气化进行销售或者转运的设施，包括液化天然气装卸、存储、气化及附属设施。

（三）储气设施：是指利用废弃的矿井、枯竭的油气藏、地下盐穴、含水构造等地质条件建设的地下储气空间和建造的储气容器及附属设施，通过与天然气输送管道相连接实现储气功能。

（四）天然气液化设施：是指通过低温工艺或者压差将气态天然气转化为液态天然气的设施，包括液化、储存及附属设施。

（五）天然气压缩设施：是指通过增压设施提高天然气储存压力的设施，包括压缩机组、储存设备及附属设施。

（六）天然气销售企业：是指拥有稳定且可供的天然气资源，通过天然气基础设施销售天然气的企业。

（七）天然气基础设施运营企业：是指利用天然气基础设施提供天然气运输、储存、气化、液化和压缩等服务的企业。

（八）城镇天然气经营企业：是指依法取得燃气经营许可，通过城镇天然气供气设施向终端用户输送、销售天然气的企业。

（九）天然气用户：是指通过天然气基础设施向天然气销售企业购买天然气的单位，包括城镇天然气经营企业和以天然气为工业生产原料使用的用户等，但不包括城镇天然气经营企业供应的终端用户。

（十）调峰：是指为解决天然气基础设施均匀供气与天然气用户不均匀用气的矛盾，采取的既保证用户的用气需求，又保证天然气基础设施安全平稳经济运行的供用气调度管理措施。

（十一）应急：是指应对突然发生的天然气中断或者严重失衡等事态的紧急行动及措施。如发生进口天然气供应中断或者大幅度减少，国内天然气产量锐减，天然气基础设施事故，异常低温天气，以及其它自然灾害、事故灾难等造成天然气供应异常时采取的紧急处置行动。

（十二）可中断用户：是指根据供气合同的约定，在用气高峰时段或者发生应急状况时，经过必要的通知程序，可以对其减少供气或者暂时停止供气的天然气用户。

第四十一条　本办法由国家发展改革委负责解释。各省、自治区、直辖市可在本办法规定范围内结合本地实际制定相关实施细则。

第四十二条　本办法自 2014 年 4 月 1 日起实施。

国务院办公厅转发发展改革委关于建立保障天然气稳定供应长效机制若干意见的通知

国办发〔2014〕16 号

各省、自治区、直辖市人民政府，国务院各部委、各直属机构：

发展改革委《关于建立保障天然气稳定供应长效机制的若干意见》已经国务院同意，现转发给你们，请认真贯彻执行。

国务院办公厅
2014 年 4 月 14 日

关于建立保障天然气稳定供应长效机制的若干意见

近年来，我国天然气供应能力不断提升，但由于消费需求快速增长、需求侧管理薄弱、调峰应急能力不足等原因，一些地区天然气供需紧张情况时有发生，民生用气保障亟待加强。为保障天然气长期稳定供应，现提出以下意见：

一、总体要求

贯彻落实党中央、国务院各项决策部署，按照责任要落实、监管要到位、长供有规划、增供按计划、供需签合同、价格要理顺的原则，统筹规划，合理调度，保障民生用气，努力做到天然气供需基本平衡、长期稳定供应。

二、主要任务

（一）增加天然气供应。到 2020 年天然气供应能力达到 4000 亿立方米，力争达到 4200 亿立方米。

（二）保障民生用气。基本满足新型城镇化发展过程中居民用气（包括居民生活用气、学校教学和学生生活用气、养老福利机构用气等）、集中供热用气，以及公交车、出租车用气等民用气需求，特别是要确保居民用气安全稳定供应。

（三）支持推进"煤改气"工程。落实《国务院关于印发大气污染防治行动计划的通知》（国发〔2013〕37 号）要求，到 2020 年累计满足"煤改气"工程用气需求 1120 亿立方米。

（四）建立有序用气机制。坚持规划先行、量入为出、全国平衡、供需协商，科学确定各省（区、市）的民生用气和"煤改气"工程用气需求量，加强需求侧管理，规范用气秩序。

三、保障措施

（一）统筹供需、做好衔接。

加大对天然气尤其是页岩气等非常规油气资源勘探开发的政策扶持力度，有序推进煤制气示范项目建设。落实鼓励开发低品位、老气田和进口天然气的税收政策。各地区要综合考虑民生改善和环境保护等因素，优化天然气使用方式。做好天然气与其他能源的统筹平衡，优先保障天然气生产。利用各种清洁能源，多渠道、多途径推进煤炭替代。制定有序用气方案和调度方案，加强本行政区域内地区之间、民生用气与非民生用气之间用气调度。在落实气源的基础上，科学制定实施年度"煤改气"工程计划，防止一哄而上。

天然气销售企业要落实年度天然气生产计划和管道天然气、液化天然气（LNG）进口计划，履行季（月）调峰及天然气购销合同中约定的日调峰供气义务。执行应急处置"压非保民"（压非民生用气、保民生用气）等措施，保证民用气供应的调度执行到位。城镇燃气经营企业要严格执行需求侧管理措施和应急调度方案，落实小时调峰以及天然气购销合同中约定的日调峰供气义务。

（二）多方施策、增加储备。

支持各类市场主体依法平等参与储气设施投资、建设和运营，研究制定鼓励储气设施建设的政策措施。优先支持天然气销售企业和所供区域用气峰谷差超过 3：1、民生用气占比超过 40% 的城镇燃气经营企业建设储气设施。符合条件的企业可发行项目收益债券筹集资金用于储气设施建设。对独立经营的储气设施，按补偿成本、合理收益的原则确定储气价格。对储气设施建设用地优先予以支持。各地区要加强储气调峰设施和 LNG 接收、存储设施建设，有效提高应急储备能力，至少形成不低于保障本地区平均三天需求量的应急储气能力。对城镇燃气经营企业的储气设施，将投资、运营成本纳入配气成本统筹考虑。

天然气销售企业和城镇燃气经营企业可以单独或者共同建设储气设施，也可委托其他企业代储，增强应急调峰能力。将增供气量与储气设施规模相挂钩，天然气销售企业在同等条件下优先向有储气设施的地区增加供气。

（三）预测预警、加强监管。

建立天然气监测和预测、预警机制，对天然气供应风险做到早发现、早协调、早处置。对无序推进"煤改气"工程特别是无序新建和改建燃气发电、中断或影响民生用气、没有制定并执行"压非保民"措施的地区要予以通报批评。各地区要建立重点城市高峰时段每日天然气信息统计制度，并按要求报送国务院能源主管部门。督促签订天然气购销合同和供气、用气合同，做好合同备案管理，加强对天然气销售企业和城镇燃气经营企业落实合同和保障民生用气情况的监督管理。推动城镇燃气经营企业建立信息系统，全面掌握市场用户及用气结构，及时准确报送天然气供需情况信息。

（四）推动改革、理顺价格。

稳步推进天然气领域改革。做好油气勘探开发体制改革试点工作，研究制定天然气管网和 LNG 接收、存储设施向第三方公平接入、公平开放的政策措施。

进一步理顺天然气与可替代能源价格关系，抓紧落实天然气门站价格调整方案。加快理顺车用天然气与汽柴油的比价关系。建立健全居民生活用气阶梯价格制度，研究推行非居民用户季节性差价、可中断气价等价格政策。

四、加强组织领导

地方各级人民政府要把保障民生用气供应作为改善民生的重要任务，加强组织领导，落实主体责任，科学制定应急预案，妥善处置突发事件，正确引导舆论，维护社会稳定。国务院能源主管部门要加强综合协调，组织制定并实施天然气发展规划，制定清洁能源保障方案，提出年度全国天然气商品量平衡计划，做好天然气年度供需平衡和日常运行协调监管工作，及时协调天然气供需矛盾，提出解决的办法和措施。国务院有关部门要按照职能分工，密切配合，抓紧细化相关政策措施，扎实做好相关工作，确保取得实效。

国家发展改革委、国家能源局关于实行保证民生用气责任制的通知

发改运行〔2015〕59号

各省、自治区、直辖市发展改革委（经信委）、能源局：

近年来，国内天然气供应能力不断提高，进口规模持续扩大，但由于消费需求快速增长、需求侧管理薄弱、储气调峰能力不足等原因，高峰时段供需紧张情况时有发生，部分地区居民生活等民生用气甚至受到影响。为贯彻落实《国务院办公厅转发发展改革委关于建立保障天然气稳定供应长效机制若干意见的通知》（国办发〔2014〕16号）"责任要落实、监管要到位"的要求，国家发展改革委、国家能源局会同有关方面建立保障民生用气责任制，明确任务分工和责任追究机制，切实保证民生用气需求。

一、逐级明确责任分工

为明确职责分工，切实落实主体责任，国家发展改革委、国家能源局与各省（区、市）发展改革委、经信委、能源局等天然气供应保障主管部门，签订《保障民生用气责任书》。省（区、市）天然气供应保障主管部门应依据管理权限，将保障民生用气的责任逐级分解落实并签订责任书。

（一）国家发展改革委、国家能源局：负责组织制定并实施全国天然气发展规划，提出年度供需平衡计划，做好供需平衡及日常运行协调监管工作；督促中石油、中石化、中海油等供气企业在保证安全的前提下努力增加资源供应，按计划或合同平稳供气；及时协调解决天然气供需矛盾。

（二）地方人民政府及其天然气供应保障主管部门：地方各级人民政府要把保障民生用气供应作为改善民生的重要任务，加强组织领导，落实主体责任。各省（区、市）发展改革委、经信委、能源局等

天然气供应保障主管部门，要综合考虑民生改善和环境保护等因素，编制本行政区域天然气利用规划，建立有序用气机制，切实做到"先规划、先合同、后发展"；依据本地用气特点，规划建设储气设施；全面掌握本地天然气供需情况，制定应急预案，明确保供次序，及时协调解决影响平稳供气的问题，确保不出现停限供居民用气现象；因特殊原因可能影响居民用气时，须及时报告国家发展改革委、国家能源局。

（三）天然气销售企业和城镇燃气经营企业：严格落实国办发〔2014〕16号文件、《天然气利用政策》、《天然气基础设施建设与运营管理办法》以及当地政府制定的天然气利用规划等有关规定和要求，根据资源落实情况，有序发展下游用户；根据国家有关规定或合同约定，建立与调峰需求相适应的调峰储备设施；结合供气区域实际编制应急预案和有序用气方案，并向当地天然气供应保障主管部门及时准确报告供需情况；出现供气紧张状况时，按照主管部门要求，执行"压非保民"（压非民生用气、保民生用气）措施，确保民生用气需求。

二、建立责任追究机制

为保障各项责任目标的实现，确保民生用气需求不受影响，对贯彻执行有关规定不力及责任落实不到位的单位和个人，将追究相应责任。

（一）有下列情形之一的，国家发展改革委、国家能源局责令其限期改正：

1. 没有落实气源实施"煤改气"、发展大工业用户的；

2. 没有与上游供气企业或下游用户签订供气合同的；

3. 没有制定天然气利用规划导致供需失衡的；

4. 没有制定保障民生用气应急预案的。

（二）有下列情形之一的，国家发展改革委、国家能源局进行内部通报批评：

1. 违反《天然气利用政策》，发展限制类用气项目的；

2. 没有严格落实国家天然气价格政策的；

3. 应急储气能力不足本行政区域3天需求量的；

4. 非因不可抗力因素，停限供居民生活用气1万户或12小时以上的。

（三）有下列情形之一的，国家发展改革委、国家能源局进行全国通报批评：

1. 因上述情形被责令整改2次以上，或内部通报1次以上仍未采取有效措施的；

2. 违反《天然气利用政策》，发展禁止类用气项目的；

3. 非因不可抗力因素，停限供居民生活用气10万户或24小时以上的；

4. 居民用气因特殊原因受较大影响而没有及时上报的。

（四）有下列情形之一的，国家发展改革委、国家能源局建议有关部门依法给予行政处分或追究法律责任：

1. 拒不执行《天然气利用政策》、天然气价格政策等法律法规及政策规定的；

2. 停限供居民生活、公共交通等民生用气引发社会秩序混乱等严重后果的；

3. 没有制定应急预案或应对不力导致重大事故或公私财产损失的；

4. 其他失职、渎职行为。

各省（区、市）天然气供应保障主管部门可依据相关规定参照制定本行政区域责任追究办法。

三、健全配套政策措施

（一）保供责任与资源配置挂钩。将资源供应与建设储气设施、实施有序用气等保障民生用气责任落实情况挂钩，进行增量资源平衡时，优先增供储气能力与用气规模相适应、民生用气保障得力的地区。通过发行企业债券等政策措施，支持峰谷差超过3∶1、民生用气比例超过40%（包括居民生活、学校教学和学生生活、养老福利机构用气等）的城市加快建设储气设施。

（二）保供责任与价格政策结合。鼓励各地特别是用气峰谷差较大的地区，在终端消费环节推行非居民用气季节性差价、可中断气价等差别性价格政策，促进移峰填谷和节约用气，引导合理消费，缓解供需矛盾。供气企业应在国家价格政策框架内，对签订可中断供气合同并积极履行合同义务，承担保障民生用气责任的企业给予适当价格优惠。

（三）保供责任纳入信用体系。各地要研究建立天然气利用领域信用体系，通过供气合同备案等措施，采集供需双方信用记录，将承担保供责任情况纳入其中，构建良好市场环境。对不签订供气合同或拒不履行合同义务的，列入不良记录；对积极签订合同并认真履行合同义务的，给予政策优惠，同时作为良好信誉载入信用档案。天然气利用领域信用记录将纳入国家统一的信用信息共享交换平台，供有关部门查询使用，严重违法失信行为信息依法向社会公开。

请各省（区、市）天然气供应保障主管部门，于 2015 年 1 月 30 日前，将主管领导签字盖章的《2015 年度保证民生用气责任书》（一式 3 份）反馈 2 份至国家发展改革委经济运行调节局、能源局油气司。

国家发展改革委
国 家 能 源 局
2015 年 1 月 13 日

国家发展改革委
关于明确储气设施相关价格政策的通知

发改价格规〔2016〕2176 号

各省、自治区、直辖市发展改革委、物价局，中国石油天然气集团公司、中国石油化工集团公司、中国海洋石油总公司：

本世纪以来，我国天然气行业取得了长足发展，天然气利用水平大幅提高。随着天然气消费量迅速增长，储气设施建设速度偏慢、调峰能力不足的矛盾日益突出。为鼓励投资建设储气设施，增强天然气供应保障能力，现就储气设施相关价格政策明确如下：

一、储气服务价格由供需双方协商确定

储气服务价格由储气设施（不含城镇区域内燃气企业自建自用的储气设施）经营企业根据储气服务成本、市场供求情况等与委托企业协商确定。

二、储气设施天然气购销价格由市场竞争形成

储气设施天然气购进价格和对外销售价格，由市场竞争形成。储气设施经营企业可统筹考虑天然气购进成本和储气服务成本，根据市场供求情况自主确定对外销售价格。

储气设施经营企业要与用气企业单独签订合同，约定气量和价格。

三、鼓励城镇燃气企业投资建设储气设施

城镇区域内燃气企业自建自用的储气设施，投资和运行成本纳入城镇燃气配气成本统筹考虑，并给予合理收益。

用气季节性峰谷差大的地方，要抓紧在终端销售环节推行季节性差价政策，削峰填谷，利用价格杠杆提高城镇燃气企业供气积极性，并加强用气高峰时段需求侧管理。

四、工作要求

明确储气设施价格市场化政策，对鼓励投资建设储气设施、补储气调峰"短板",促进天然气行业长期健康发展具有重要意义。各地区、各有关部门和天然气生产经营企业要通力合作,及时排查可能出现的问题,认真做好相关工作。

一是保障天然气市场平稳运行。天然气生产经营企业要做好生产组织、加强供需衔接,强化资源筹措、优化管网调度,特别是要采取有效措施,增强冬季用气高峰供应能力,切实保障市场平稳运行。

二是加强沟通和协商。储气设施经营企业要主动配合地方发展改革(价格)部门,加强与用户沟通,妥善协商具体价格。鼓励储气设施对外销售气量进入上海石油天然气交易中心等交易市场挂牌交易,实现价格公开透明。储气设施天然气对外销售气量和价格等有关情况,每年4月15日前报我委(价格司)备案。

三是维护天然气市场秩序。各级价格主管部门要加强市场价格监测,依法查处通过改变计价方式、增设环节、强制服务等方式提高或变相提高价格,以及达成并实施垄断协议、滥用市场支配地位等违法违规行为,切实维护市场秩序。消费者可通过12358价格监管平台举报价格违法行为。

国家发展改革委

2016 年 10 月 15 日

国家发展改革委、国家能源局关于做好 2016 年天然气迎峰度冬工作的通知

发改运行〔2016〕2198 号

各省、自治区、直辖市发展改革委（经信委）、能源局，中国石油天然气集团公司、中国石油化工集团公司、中国海洋石油总公司：

今年以来，天然气供需总体平衡，但北方地区消费峰谷差大、调峰能力不足的问题依然存在。受管输能力、用气结构等因素影响，华北、西北等地今冬明春高峰时段供需矛盾比较突出。供需各方必须密切加强合作，从资源调配、需求侧管理等方面多管齐下，统筹做好各项工作。为切实做好迎峰度冬期间天然气供应保障工作，现就有关事项通知如下：

一、明确任务，落实各方责任

（一）准确把握供需形势。受国内经济增速放缓、替代能源价格偏低等因素影响，去年以来非高峰时段主要用气行业需求低迷。但由于用户基数不断增加、非居民用气比例下降等原因，冬季供暖开始后，峰谷差会进一步扩大，气温变化对供需平衡的影响会愈加明显。与此同时，国内资源增产困难，进口资源特别是中亚管道气存在不确定性，加之储气调峰能力依然不足，预计今冬明春天然气供应仍会呈现南松北紧局面，京津冀地区矛盾较为集中，如遇持续低温天气，保供形势将十分严峻。

（二）明确保供任务要求。冬季天然气供应关系民生。各地要认真贯彻党中央和国务院有关文件精神，切实落实"保民生、保公用、保重点"要求，摸清市场需求及用气结构，提早做好供需衔接，明确保供次序，及时协调解决影响平稳供气的矛盾和问题。高峰时段保障民生用气确有供应缺口的城市，要提前制订包括"压非保民"等措

施在内的具体保供方案，做到"一市一策"，全力实现迎峰度冬期间天然气稳定供应，确保居民生活等重点用气需求。

（三）落实责任追究制度。各地天然气供应保障主管部门要按照年初签订的《2016 年度保证民生用气责任书》有关要求，明确有关部门、供气企业的责任和任务分工，完善综合保供措施，对贯彻执行有关规定不力及责任落实不到位的单位和个人，追究相应责任。国家发展改革委、国家能源局将对措施不到位、严重影响民生用气的单位予以通报。

二、多方施策，努力增供资源

（四）落实国内增产增供计划。中石油、中石化、中海油等主要供气企业要落实既定冬季增产计划，将任务分解到具体区块和项目，合理安排检修，优化开采方案，确保长庆、塔里木、普光等主力气田满负荷生产，必要时在确保安全的情况下放压增产；要在生产与输送环节优化生产工艺和设备运行，努力减少自耗，增加商品气量。新疆、内蒙古有关单位要与中石油加强合作，保障伊犁庆华、大唐煤制气示范项目平稳运行，稳定供气。

（五）多渠道增加进口资源。中石油要与土库曼斯坦等资源国加强沟通协调，尽力增加管道进气量，减少哈萨克斯坦等国的境外下载量，努力实现进口管道气资源增长。有序组织 LNG（液化天然气）采购，合理安排到港船期，预先提高 LNG 库存，做好极端天气应对准备。天津、河北等地主管部门要引导非居民用户，自主、委托或利用上海石油天然气交易平台等途径采购 LNG，通过市场化手段增加资源。

（六）最大程度用好储气库资源。中石油、中石化要在入冬前尽量增加储气库注气量。采暖季期间，要统筹调度好国产气、进口气及储气资源，优化采气方案，合理安排各储气库不同时段的采出气量，确保用气高峰期达到最大采气能力，最大限度发挥储气库的应急保障作用。

三、消除输配气瓶颈，提高保障能力

（七）消除重点地区管网瓶颈。中石油要与京津冀三省市有关部门加强协作，在 11 月 15 日前建成投用港清三线、11 月 30 日前建成投用宝坻－香河－西集联络线、12 月 31 日前建成投用安平分输站增压工程。中石化要在用气高峰前建成投用青岛 LNG 接收站连接天津城市管网的静海区段管线，以便向华北地区输送资源。中海油要在用气高峰前建成投用浮式 LNG 连接天津城市管网管线，尽可能增加华北地区高峰时段保供能力。有关地区要加大城市应急调峰储罐、小型 LNG 储配站（罐）等设施建设，进一步完善输配气管网，提高城市燃气应急保供能力。

（八）加快重点工程建设。中石油要重点推进陕京四线、中俄东线、唐山 LNG 新增储罐、华北文 23、兴 9 等地下储气库建设，以及大港、华北地下储气库群扩容达容工程；加快呼图壁储气库外输管线、江苏 LNG 接收站 4 号储罐、中贵线反输增压、忠武线首站增压等工程建设进度。中石化要重点推进天津 LNG 接收站及外输管线、中原文 23 储气库及外输管线建设。

（九）努力克服互联互通障碍。中石油、中石化、中海油等企业要密切合作，统筹管输和 LNG 接转能力，在输配条件允许的情况下，通过协商串换、平台交易等方式，相互提供代输、接转服务，并最大限度降低气化、管输成本。国家发展改革委、国家能源局将加强统筹调度，做好衔接、协调与监督工作。

四、强化需求侧管理，确保民生需求

（十）进一步健全有序用气机制。各地要综合考虑民生改善和环境保护等因素，根据资源落实情况，制定本地天然气利用规划，包括发展目标、利用方向、资源来源、计划进度以及保障措施等。"煤改气"、"油改气"及大型工业用气等项目，要根据可供资源量和利用规划均衡有序实施。新发展的非居民用户要包含一定数量可中断用户。

（十一）强化气电热综合平衡调度。北京、天津等天然气同时供热、发电的城市，要提高外送电能力，实现多气源供气、多通道输电及气电互保，完善气电热应急协调联动机制和错峰方案，适当保留部分替代能源供热设施，满足应急需要。北京市要提前备足燃料，必要时启用华电二热燃油锅炉，保持华能一期机组满负荷运行，保障持续低温情况下的供暖需求，缓解供气压力。

（十二）推行节约用气与峰谷差管理措施。各地要针对现有用户，制定峰谷差控制措施，通过移峰错峰、削峰填谷等措施控制峰谷差。供热用气比例高的地区要积极推广分户计量供暖、蓄能供热等节能技术，努力缩小峰谷差。供需矛盾突出的地区要控制超市、商场等公共建筑室温，推广学校、写字楼节假日低温运行措施，提高用气效率，避免浪费。

（十三）细化完善应急保供预案。京津冀等供需矛盾突出的地区要按照民生用气绝对优先的原则，结合本地实际，提前制定不同供应水平下的有序用气方案，明确优先用气和限制用气的次序，确保居民生活、公共交通等重点需求，最大限度降低供应短缺对人民生活和经济发展的影响。

五、加强安全生产管理，确保管网安全运行

（十四）认真排查安全隐患。上游供气企业、城市燃气企业都要在入冬前认真组织安全检查，落实安全主体责任，加强主干管网和配套设施维护，加大要害部位、薄弱环节的巡查、巡检、巡护力度，深入排查、消除油气田和输油气管道安全隐患，确保各类设施始终处于良好运行状态。

（十五）做好重要设施安全保护。各地要严厉打击破坏油气田生产和管网设施的犯罪行为，尤其要妥善协调处理好铁路、公路等施工建设与输气管道的安全矛盾和冲突，及时消除爆破施工、采石掘土、交叉作业等对管道安全的威胁，确保输配设施安全平稳运行。

（十六）提高事故处置应对能力。有关部门和企业要加强天然气长输、城市配气过程中的各类风险管控，确保安全事故预案切实可行，同时安排好预案演练与总结，提高事后处置能力，确保发生紧急事件后处置有序、响应得当。

六、加强信用监管和舆论引导，营造良好环境

（十七）充分发挥信用体系监管作用。要结合石油天然气行业信用体系建设，建立天然气利用领域供气企业及用户信用数据库，多渠道采集供需双方信用记录，重点加强供气企业及大用户的信用管理，构建良好市场环境。不签订供气合同或拒不履行合同义务的，依法列入不良记录；积极签订合同并认真履行合同义务的，作为良好信誉载入信用档案。

（十八）加强舆论宣传引导。要通过报纸、互联网、新媒体等途径，主动宣传我国天然气供需现状、利用政策等，引导企业合理利用清洁能源，提高公众节约用气意识。客观报道冬季天然气供需紧张的原因、各级政府及企业采取的保供措施，争取各方理解、配合与支持。针对部分地区、部分时段可能出现的供应紧张状况，及时通报原因和采取的措施，积极回应社会关切，营造良好的舆论环境。

以上，请按照执行。如有重大紧急情况，请及时报告。

采暖季结束后，各省区市主管部门和有关企业要认真梳理情况、总结经验，并形成书面材料，于 2017 年 3 月 31 日前将纸质文件和电子版报送国家发展改革委经济运行调节局。

联系人：蒋韧　010 - 68505583　jiangren@ndrc.gov.cn

国家发展改革委
国 家 能 源 局
2016 年 10 月 20 日

天然气发展"十三五"规划

目　录

前　言

天然气是一种优质、高效、清洁的低碳能源，可与核能及可再生能源等其他低排放能源形成良性互补，是能源供应清洁化的最现实选择。加快天然气产业发展，提高天然气在一次能源消费中的比重，是我国加快建设清洁低碳、安全高效的现代能源体系的必由之路，也是化解环境约束、改善大气质量，实现绿色低碳发展的有效途径，同时对推动节能减排、稳增长惠民生促发展具有重要意义。

《巴黎协定》和 2030 年可持续发展议程为全球加速低碳发展进程和发展清洁能源明确了目标和时间表。随着我国加快推动能源生产和消费革命，新型城镇化进程不断提速和油气体制改革有力推进，天然气产业正迎来新的发展机遇。

根据《中华人民共和国国民经济和社会发展第十三个五年规划纲要》和《能源发展"十三五"规划》的总体要求，为扩大天然气供应利用规模，促进天然气产业有序、健康发展，国家发展改革委、能源局组织编制了《天然气发展"十三五"规划》（以下简称《规划》）。

本《规划》包括上游资源勘探开发、中游基础设施建设和下游市场利用，涵盖了常规天然气、煤层气和页岩气等内容，是"十三五"时期我国天然气产业健康发展的指导纲领。在实施过程中，将根据实际情况对本《规划》进行适时调整、补充。

一、规划背景

（一）发展基础

天然气储产量快速增长。根据新一轮全国油气资源动态评价成果，截至 2015 年底，我国常规天然气地质资源量 68 万亿立方米，累计探明地质储量约 13 万亿立方米，探明程度 19%，处于勘探早期。"十二五"期间全国累计新增探明地质储量约 3.9 万亿立方米，2015年全国天然气产量 1350 亿立方米，储采比 29。"十二五"期间累计产量约 6000 亿立方米，比"十一五"增加约 2100 亿立方米，年均增长 6.7%。

非常规天然气加快发展。页岩气勘探开发取得突破性进展，"十二五"新增探明地质储量 5441 亿立方米，2015 年产量达到 46 亿立方米，焦石坝、长宁—威远和昭通区块实现了商业化规模开发。煤层气（煤矿瓦斯）抽采利用规模快速增长，"十二五"期间累计新增探明地质储量 3505 亿立方米，2015 年全国抽采量 140 亿立方米，利用量77 亿立方米，煤层气产量（地面抽采）约 44 亿立方米，利用量 38

亿立方米。

进口天然气快速增加。天然气进口战略通道格局基本形成。西北战略通道逐步完善，中亚 A、B、C 线建成投产；西南战略通道初具规模；东北战略通道开工建设；海上进口通道发挥重要作用。"十二五"期间累计进口天然气超过 2500 亿立方米，是"十一五"天然气进口量的 7.2 倍，2015 年进口天然气 614 亿立方米。

天然气在一次能源消费结构中占比提高，用气结构总体合理。2015 年全国天然气表观消费量 1931 亿立方米，"十二五"期间年均增长 12.4%，累计消费量约 8300 亿立方米，是"十一五"消费量的 2 倍，2015 年天然气在一次能源消费中的比重从 2010 年的 4.4% 提高到 5.9%。目前天然气消费结构中，工业燃料、城市燃气、发电、化工分别占 38.2%、32.5%、14.7%、14.6%，与 2010 年相比，城市燃气、工业燃料用气占比增加，化工和发电用气占比有所下降。

基础设施布局日益完善。"十二五"期间累计建成干线管道 2.14 万公里，累计建成液化天然气（LNG）接收站 9 座，新增 LNG 接收能力 2770 万吨/年，累计建成地下储气库 7 座，新增工作气量 37 亿立方米。截至 2015 年底，全国干线管道总里程达到 6.4 万公里，一次输气能力约 2800 亿立方米/年，天然气主干管网已覆盖除西藏外全部省份，建成 LNG 接收站 12 座，LNG 接收能力达到 4380 万吨/年，储罐罐容 500 万立方米，建成地下储气库 18 座，工作气量 55 亿立方米。全国城镇天然气管网里程达到 43 万公里，用气人口 3.3 亿人，天然气发电装机 5700 万千瓦，建成压缩天然气/液化天然气（CNG/LNG）加气站 6500 座，船用 LNG 加注站 13 座。

技术创新和装备自主化取得突破进展。初步掌握了页岩气综合地质评价技术、3500 米以浅钻完井及水平井大型体积压裂技术等，桥塞实现国产化。形成了复杂气藏超深水平井的钻完井、分段压裂技术体系。形成了高煤阶煤层气开发技术体系，初步突破了煤矿采动区瓦斯地面抽采等技术。自主设计、建成了我国第一座深水半潜式钻井平台，具备了水深 3000 米的作业能力。国产 X80 高强度钢管批量用于长输管道建设，高压、大口径球阀开始应用于工程实践，大功率电驱和燃驱压缩机组投入生产使用。

　　体制机制改革取得阶段性成果。油气体制改革稳步推进，页岩气矿权以招标方式对多种主体开放，常规天然气上游领域改革率先在新疆进行试点。初步组建起行业监管队伍，基础设施向第三方公平开放开始实施，混合所有制改革力度不断加大，数条跨省主干管道引入多种投资主体。天然气价格改革步伐明显加快，实现了存量气与增量气价格并轨，理顺了非居民用气价格。

专栏1　"十二五"时期天然气行业发展成就			
指标	2010 年	2015 年	年均增速
累计探明储量（万亿立方米）	9.1	13	7.4%
产量（亿立方米/年）	952	1350	7.2%
表观消费量（亿立方米/年）	1075	1931	12.4%
天然气占一次能源消费的比例（%）	4.4	5.9	6.0%
天然气进口量（亿立方米/年）	170	614	29.3%
天然气管道里程（万公里）	4.26	6.4	8.5%
管道一次运输能力（亿立方米）	960	2800	23.9%
LNG 接收能力（万吨/年）	1610	4380	22.2%
地下储气库工作气量（亿立方米）	18	55	25%

　　"十二五"期间我国天然气产业发展取得了很大成绩，同时也面临一些问题。勘探开发投入不足，效率偏低，勘探开发对象日益复杂，上产稳产难度大。非常规天然气开发经济性有待进一步提高。基础设施公平开放不够，储气调峰设施建设严重滞后，城市储气能力亟需加强。气田开发和天然气基础设施建设协调难度加大，管道安全状况不容乐观。

　　总体来看，"十二五"前期我国天然气产业保持高速发展势头，从 2013 年下半年开始，受宏观经济增速放缓、国际油价大幅下跌、气价机制尚未理顺等因素影响，天然气需求增速出现阶段性放缓。

（二）发展形势

与过去十年天然气需求快速增长、供不应求的状况不同，"十三五"期间，随着国内产量的增加和进口能力的增强，天然气供求总体上将进入宽平衡状态。同时，受产业链发展不协调等因素影响，局部地区部分时段还可能出现供应紧张状况。随着油气体制改革深入推进，天然气行业在面临挑战同时迎来新的发展机遇。

1. 发展机遇

能源生产和消费革命将进一步激发天然气需求。在经济增速换档、资源环境约束趋紧的新常态下，能源绿色转型要求日益迫切，能源结构调整进入油气替代煤炭、非化石能源替代化石能源的更替期，优化和调整能源结构还应大力提高天然气消费比例。十八大提出大力推进生态文明建设，对加大天然气使用具有积极促进作用。《巴黎协定》的实施，将大大加快世界能源低碳化进程，同时，国家大力推动大气和水污染防治工作，对清洁能源的需求将进一步增加。

新型城镇化进程加快提供发展新动力。"十三五"城镇化率目标为60%，城镇化率每提高一个百分点，每年将增加相当于8000万吨标煤的能源消费量。当前我国城镇化水平仍然偏低，新型城镇化对高效清洁天然气的需求将不断增长，加快推进新型城镇化建设将积极促进天然气利用。

资源基础为天然气增产提供保障。我国天然气资源探明程度仅19%，仍处于勘探早期，剩余经济可采储量3.8万亿立方米，国内天然气产量仍将继续保持增长趋势。目前我国已相继发现并建成了四川、鄂尔多斯、塔里木、柴达木和近海海域等大型气区。四川磨溪气田已建成投产，南海陵水气田、川西彭州气田、川南页岩气田等一批大中型气田处于前期评价或产能建设期，这批气田将成为今后天然气上产的主要构成。页岩气等非常规气初步实现商业化开发。

国际天然气供应逐渐总体宽松。近年来，国际油气勘探开发技术不断取得突破，美国页岩气革命使世界天然气供需格局发生深刻变化，天然气供应宽松，价格大幅下跌，国际天然气供应宽松态势为我国引进境外天然气资源创造了良好外部条件。

油气体制改革步伐加快。油气体制改革将在放宽市场准入、完善管网建设运营机制、落实基础设施公平接入、形成市场化价格机制、完善行业管理和监管等方面深入推进，更充分发挥市场在资源配置中决定性作用，公平竞争开放有序的现代油气市场体系将逐步形成。

2. 面临的挑战

大幅增加天然气消费量难度较大。"十三五"期间中国能源转型面临很大挑战，天然气是中国能源转型最为重要和现实的抓手，但相比于其他能源，其发展也面临严峻挑战。提高天然气在一次能源消费结构中的比例存在较大不确定性，按照原有发展模式显然无法实现，需各方强有力的协同，并研究制定大力鼓励天然气利用的支持政策。

国内勘探投入不足。国内天然气资源丰富、探明率低，还处在勘探早期，具备快速增储上产的物质基础。由于地质工作程度和资源禀赋不同，油气领域勘探开发主体较少，区块退出和流转机制不健全，竞争性不够等原因，石油公司勘探主要集中在资源丰度高的地区，新区新层系风险勘探，页岩气等非常规资源勘探投入不足。一些国内企业通过"走出去"已获得国外区块，积累了技术和管理经验，但国内准入仍存在诸多限制，制约了多元资本投入。同时，国际油价持续下跌，石油企业上游领域投资减少，更直接影响国内天然气储产量增加。

体制机制制约和结构性矛盾问题突出。随着天然气产业快速发展，产业结构性矛盾日益突出，部分原有政策已不适应新的发展形势，储气能力严重滞后，保供难度日益增加。勘探开发和管道输送环节主体少，竞争不足，管道运营不透明，难以实现第三方市场主体公平接入。行业行政垄断和区域分割比较严重，输配环节过多，费用过高，最终用户没有获得实惠。市场化体制机制不健全，竞争性环节竞争不够充分，价格变化难以完全真实反映市场供求关系。进口高价合同气难以消纳，企业背负经营压力，天然气供应风险加大。法律法规体系不健全不完善，行业监管越位和缺位现象同时并存。

基础设施建设任务繁重，管道保护工作难度加大。"十三五"期间天然气管道及储气设施建设任务艰巨，协调难度加大。随着城镇化率逐年提高，城镇范围不断扩大，管道建设运行过程中与城乡规划的矛盾时有发生，管道占压情况比较严重，第三方破坏、损伤现象突出，管道安全风险加大。

二、指导思想和目标

（一）指导思想

全面贯彻党的十八大和十八届三中、四中、五中、六中全会精神，深入落实习近平总书记系列重要讲话精神，牢固树立创新、协调、绿色、开放、共享的发展理念，以能源供给侧结构性改革为主线，遵循"四个革命、一个合作"能源发展战略思想，紧密结合"一带一路"建设、京津冀协同发展、长江经济带发展战略，贯彻油气体制改革总体部署，发挥市场配置资源的决定性作用，创新体制机制，统筹协调发展，以提高天然气在一次能源消费结构中的比重为发展目标，大力发展天然气产业，逐步把天然气培育成主体能源之一，构建结构合理、供需协调、安全可靠的现代天然气产业体系。

（二）基本原则

国内开发与多元引进相结合。天然气供应立足国内为主，加大国内资源勘探开发投入，不断夯实资源基础，增加有效供应；构筑多元化引进境外天然气资源供应格局，确保供气安全。

整体布局与区域协调相结合。加强统筹规划，加快天然气主干管网建设，推进和优化支线等区域管道建设，打通天然气利用"最后一公里"，实现全国主干管网及区域管网互联互通。

保障供应与高效利用相结合。坚持高效环保、节约优先，提高利用效率，培育新兴市场，扩大天然气消费。加快推进调峰及应急储备建设，保障管道安全。以人为本，提高天然气安全保供水平，保障民生用气需求。

深化改革与加强监管相结合。加快油气体制改革进程，不断创新体制机制，推动市场体系建设，勘探开发有序准入，基础设施公平开放，打破地域分割和行业垄断，全面放开竞争性环节政府定价。加强行业监管和市场监管，明确监管职责，完善监管体系。

自主创新与引进技术相结合。加强科技攻关和研发，积极引进勘探开发、储存运输等方面的先进技术装备，加强企业科技创新体系建设，在引进、消化和吸收的基础上，提高自主创新能力，依托重大项目加快重大技术和装备自主化。

资源开发与环境保护相协调。处理好天然气发展与生态环境保护的关系，注重生产、运输和利用中的环境保护和资源供应的可持续性，减少环境污染。

（三）发展目标

1. 储量目标

常规天然气。"十三五"期间新增探明地质储量3万亿立方米，到2020年累计探明地质储量16万亿立方米。

页岩气。"十三五"期间新增探明地质储量1万亿立方米，到2020年累计探明地质储量超过1.5万亿立方米。

煤层气。"十三五"期间新增探明地质储量4200亿立方米，到2020年累计探明地质储量超过1万亿立方米。

2. 供应能力

2020年国内天然气综合保供能力达到3600亿立方米以上。

3. 基础设施

"十三五"期间，新建天然气主干及配套管道4万公里，2020年总里程达到10.4万公里，干线输气能力超过4000亿立方米/年；地下储气库累计形成工作气量148亿立方米。

4. 市场体系建设

加快推动天然气市场化改革，健全天然气产业法律法规体系，完善产业政策体系，建立覆盖全行业的天然气监管体制。

专栏2　"十三五"天然气行业发展主要指标				
指标	2015年	2020年	年均增速	属性
累计探明储量（常规气，万亿方）	13	16	4.3%	预期性
产量（亿方/年）	1350	2070	8.9%	预期性
天然气占一次能源消费比例（%）	5.9	8.3～10	—	预期性
气化人口（亿人）	3.3	4.7	10.3%	预期性

续表

指标	2015 年	2020 年	年均增速	属性
城镇人口天然气气化率（%）	42.8	57	—	预期性
管道里程（万公里）	6.4	10.4	10.2%	预期性
管道一次运输能力（亿立方米）	2800	4000	7.4%	预期性
地下储气库工作气量（亿立方米）	55	148	21.9%	约束性

三、重点任务

（一）加强勘探开发增加国内资源供给

按照"海陆并进、常非并举"的工作方针，加强基础调查和资源评价，持续加大国内勘探投入，围绕塔里木、鄂尔多斯、四川和海域四大天然气生产基地，加大新区、新层系风险勘探，深化老区挖潜和重点地区勘探投入，夯实国内资源基础；在加强常规天然气开发的同时，加大致密气、页岩气、煤层气等低品位、非常规天然气科技攻关和研发力度，突破技术瓶颈，实现规模效益开发，形成有效产能接替。

1. 加强基础地质调查和资源评价

加强常规、非常规天然气资源调查评价，重点加强主要含油气盆地的地质勘查，进一步深化成熟勘查区块的精细勘查，加强老气区的新领域深度挖潜。坚持新地区、新领域、新深度、新层位油气地质调查，提交一批后备选区。加强页岩气、煤层气等非常规资源地质调查工作，推动基础理论创新和复杂地区勘查技术突破。

2. 加快常规天然气增产步伐

陆上常规天然气。以四川、鄂尔多斯、塔里木盆地为勘探重点，强化已开发气田稳产，做好已探明未开发储量、新增探明储量开发评价和目标区优选建产工作，2020 年产量约 1200 亿立方米。加强东部深层勘探开发，保持稳产力争增产。加快鄂尔多斯、四川两大盆地致密气上产步伐，2020 年产量达到 370 亿立方米。海域天然气。加快勘探开发，力争形成百亿方级天然气生产基地。

专栏 3　常规天然气勘探开发重点项目

　　陆上常规天然气：四川盆地加强磨溪地区龙王庙组气藏动态跟踪评价和高石梯地区震旦系气藏勘探开发一体化，加快川东北、普光、元坝、彭州海相等气田开发，努力保持既有气田稳产；塔里木盆地以克拉 2 气田、迪那气田和大北气田稳产、库车地区克深气田项目上产为重点；鄂尔多斯盆地以老区靖边和榆林、大牛地、杭锦旗气田开发为重点，保持苏里格气田"5 + 1"稳产。

　　致密砂岩气：以鄂尔多斯盆地上古生界、四川盆地须家河组、松辽盆地登娄库组、渤海湾盆地深层、塔里木盆地深层为重点。

---

3. 非常规天然气重点突破页岩气、煤层气

　　以南方海相为勘探重点，推广应用水平井、"工厂化"作业模式，全面突破海相页岩气效益开发技术，实现产量大幅增长；探索海陆过渡相和陆相页岩气勘探开发潜力，寻找新的核心区，为进一步上产奠定基础。2020 年页岩气产量力争达到 300 亿立方米。

　　重点开展沁水、鄂尔多斯盆地煤层气勘查工作，努力在新疆等西北地区低阶煤层气获得新的突破，探索滇东黔西含气盆地群高应力区煤层气资源勘查，为全国范围煤层气大规模开发提供坚实的资源基础。加快煤层气地面抽采，推进煤矿瓦斯规模化抽采利用。2020 年，煤层气（地面抽采）产量 100 亿立方米。

　　推进煤制气产业示范。推动已建成的煤制天然气示范工程系统优化完善，在高负荷条件下实现连续、稳定和清洁生产。新建示范项目至少承担单系列生产规模的自主甲烷化技术工业化示范任务。

专栏 4　非常规天然气勘探开发重点项目

　　页岩气：加快四川长宁—威远、重庆涪陵、云南昭通、陕西延安等国家级示范区建设，威远—荣县、荣昌—永川、贵州黔北、黔东北、湖南湘中、江西修武等其他潜力区块勘探开发。

　　煤层气：建设沁水盆地、鄂尔多斯盆地东缘和贵州毕水兴等煤层气产业化基地；加快内蒙古、新疆等地区煤层气勘探开发，扩大资源后备阵地。

（二）加快天然气管网建设

"十三五"是我国天然气管网建设的重要发展期，要统筹国内外天然气资源和各地区经济发展需求，整体规划，分步实施，远近结合，适度超前，鼓励各种主体投资建设天然气管道。依靠科技进步，加大研发投入，推动装备国产化。加强政府监管，完善法律法规，实现管道第三方准入和互联互通，在保证安全运营前提下，任何天然气基础设施运营企业应当为其他企业的接入请求提供便利。

1. 完善四大进口通道

西北战略通道重点建设西气东输三线（中段）、四线、五线，做好中亚 D 线建设工作。东北战略通道重点建设中俄东线天然气管道。西南战略通道重点建设中缅天然气管道向云南、贵州、广西、四川等地供气支线。海上进口通道重点加快 LNG 接收站配套管网建设。

2. 提高干线管输能力

加快向京津冀地区供气管道建设，增强华北区域供气和调峰能力。完善沿长江经济带天然气管网布局，提高国家主干管道向长江中游城市群供气能力。根据市场需求增长安排干线管道增输工程，提高干线管道输送能力。

3. 加强区域管网和互联互通管道建设

进一步完善主要消费区域干线管道、省内输配气管网系统，加强省际联络线建设，提高管道网络化程度，加快城镇燃气管网建设。建设地下储气库、煤层气、页岩气、煤制气配套外输管道。强化主干管道互联互通，逐步形成联系畅通、运行灵活、安全可靠的主干管网系统。

专栏5　长输管道重点项目
"十二五"结转项目：西气东输三线（中段）、闽粤支干线、西气东输四线、中俄东线天然气管道、新疆煤制气外输管道、陕京四线、楚雄－攀枝花天然气管道、青藏天然气管道。 　完善四大进口通道：中亚 D 线、西气东输五线。 　干线管网建设：川气东送二线、鄂尔多斯—安平—沧州管道、青岛—南京管道、国家主干管道向长江中游城市群供气支线等。

> 　区域管网和互联互通管道：建成中卫—靖边、濮阳—保定、东仙坡—燕山、武清—通州、海口—徐闻、建平—赤峰、杭锦旗—银川、重庆—贵州—广西、威远—荣昌—南川—涪陵等天然气管道；加强省内供气支线建设，扩大市场覆盖范围。
>
> 　储气库、煤层气、页岩气、煤制气外输管道：文23—豫鲁支干线、陕43—靖边配套管道，适时启动蒙西、蒙东煤制气配套管道。（见附表）

（三）加快储气设施建设提高调峰储备能力

　储气设施与天然气管道相连，是天然气管网系统重要的组成部分，是保障天然气安全、稳定供应的重要手段。依据全国天然气管网布局建设储气设施，主干管道应配套建设地下储气库，地下储气库和LNG接收站应与全国管网相联通，加强城市燃气应急调峰能力建设，构建储气调峰服务市场。

1. 重点推动天然气储备调峰能力建设

　围绕国内主要天然气消费区域，在已初步形成的京津冀、西北、西南、东北、长三角、中西部、中南、珠三角等八大储气基地基础上，加大地下储气库扩容改造和新建力度，支持LNG储气设施建设，逐步建立以地下储气库为主，气田调峰、CNG和LNG储备站为辅，可中断用户调峰为补充的综合性调峰系统，建立健全由供气方、输配企业和用户各自承担调峰储备义务的多层次储备体系。到2020年形成地下储气库工作气量148亿立方米。有序发展LNG接收站调峰，加快建立和完善城市应急储气调峰设施，鼓励多种主体参与储气能力建设。加强需求侧管理，利用调峰气价、阶梯气价等价格手段，拓展可中断用户，激励各类用户参与调峰。

专栏6　地下储气库重点项目

　已建、在建储气库扩容达容：中石油大港、华北储气库群、呼图壁、板南、苏桥、相国寺、陕224、双6、金坛、刘庄盐穴储气库、中石化中原文96、金坛盐穴储气库等。

　新建地下储气库项目：逐步建成中石油文23、中石化文23、江汉盐穴、卫城、朱家墩，研究推进适时建设陕43、克75、淮安、长春气顶、双

续表

坨子、应城、樟树、平顶山盐穴、赵集、光明台及中俄东线天然气管道配套储气库等。

2. 推进液化天然气（LNG）接收站及分销设施建设

根据全国天然气资源流向和各消费区域市场实际需求，结合港口规划统筹优化沿海 LNG 接收站布局。在天然气需求量大、应急调峰能力要求高的环渤海、长三角、东南沿海地区，优先扩大已建 LNG 接收站储转能力，适度新建 LNG 接收站。

已建 LNG 接收站扩建项目优先考虑增加储气能力，以满足中心城市及辐射地区的应急调峰需求，鼓励在已有站址上进一步扩大规模。

新建 LNG 接收站优先考虑投资主体多元化、第三方准入条件落实、承担应急调峰任务、装备本地化的项目。加强项目储备，根据市场需求与项目条件适时启动。

综合考虑 LNG 资源供应、船用加注需求、港口规划和通航等条件，在沿海港口、湖泊和内河船舶污染物排放超标、环保要求高的水域布局 LNG 船舶加注站码头，加大船用 LNG 燃料推广力度，开展 LNG 江海转运试点。

（四）培育天然气市场和促进高效利用

加大天然气利用、推动天然气消费工程对产业健康发展具有重要作用，"十三五"要抓好大气污染治理重点地区等气化工程、天然气发电及分布式能源工程、交通领域气化工程、节约替代工程等四大利用工程，天然气占一次能源消费比重力争提高到 10% 左右。

1. 大气污染治理重点地区等气化工程

以京津冀、长三角、珠三角、东北地区为重点，推进重点城市"煤改气"工程，扩大城市高污染燃料禁燃区范围，大力推进天然气替代步伐，替代管网覆盖范围内的燃煤锅炉、工业窑炉、燃煤设施用煤和散煤。在城中村、城乡结合部等农村地区燃气管网覆盖的地区推动天然气替代民用散煤，其他农村地区推动建设小型 LNG 储罐，替代民用散煤。加快城市燃气管网建设，提高天然气城镇居民气化率。

实施军营气化工程，重点考虑大型军事基地用气需求，为驻城市及周边部队连通天然气管网，支持部队开展"煤改气"专项行动。

2. 天然气发电及分布式能源工程

借鉴国际天然气发展经验，提高天然气发电比重，扩大天然气利用规模，鼓励发展天然气分布式能源等高效利用项目，有序发展天然气调峰电站，因地制宜发展热电联产。在可再生能源分布比较集中和电网灵活性较低区域积极发展天然气调峰机组，推动天然气发电与风力、太阳能发电、生物质发电等新能源发电融合发展。2020年天然气发电装机规模达到1.1亿千瓦以上，占发电总装机比例超过5%。

3. 交通领域气化工程

完善交通领域天然气技术标准，推动划定船舶大气污染物排放控制区并严格执行减排要求，研究制订天然气车船支持政策。积极支持天然气汽车发展，包括城市公交车、出租车、物流配送车、载客汽车、环卫车和载货汽车等以天然气（LNG）为燃料的运输车辆，鼓励在内河、湖泊和沿海发展以天然气（LNG）为燃料的运输船舶。2020年气化各类车辆约1000万辆，配套建设加气站超过1.2万座，船用加注站超过200座。

4. 节约替代工程

鼓励应用先进工艺、技术和设备高效利用天然气。鼓励低浓度瓦斯、通风瓦斯发电或热电联供，高浓度瓦斯力争全部利用。天然气生产企业要采取措施加强油田伴生气回收利用，努力提高天然气商品率；天然气运输企业要研究采用移动压缩机回收管道计划性维检修时放空气，减小放空量，避免浪费；优化大口径长输管道燃气轮机运行方式，降低燃气消耗。出台环保政策鼓励天然气利用。

四、规划实施

（一）组织实施

1. 加强组织领导

加强全国天然气管网统筹规划，完善全国天然气规划体系。在国家发展改革委统筹指导下，国家能源局作为规划的组织实施部门，推动各项指标和任务落实。国务院各有关部门要按照职能分工，加强沟通配合，制定和完善相关配套政策措施，为规划实施创造有利条件。

省级发展改革、能源主管部门要切实履行职责，组织协调实施。

2. 细化任务落实

研究制定《油气规划管理办法》，加强国家规划与省级规划、企业规划间的衔接，确保发展指标、重点任务、重大项目落地。各省（区、市）要将本规划确定的各项指标、主要任务和重大工程列入本地区能源发展规划和天然气发展专项规划，分解落实目标任务，明确进度安排协调和目标考核机制，精心组织实施。各企业作为规划的实施主体，根据本规划确定的主要目标和重大任务，细化调整企业实施方案，积极有序推进规划项目论证实施。

3. 做好评估调整

规划实施过程中适时对规划执行情况进行梳理、评估，结合实施情况对规划项目进行微调。坚持规划中期评估制度，严格评估程序，委托第三方机构开展评估工作，对规划滚动实施提出建议，及时总结经验、分析问题、制订对策。规划确需调整的，国家发展改革委、能源局根据经济社会发展和规划执行情况，适时修订并发布。

（二）保障措施

1. 加大政策支持力度

对非常规、低丰度、深水天然气资源落实差别化税费政策。进一步完善油气资源税费在中央与地方之间的分配方式和比例，促进形成资源开发惠及地方的机制。研究延长页岩气补贴政策并研究给予致密气开发、生物天然气一定财政补贴。引导多种主体建设储气调峰设施。清理不适应新形势的政策措施，研究出台推进天然气利用的指导意见。

2. 全面深化油气体制改革

实行勘查区块竞争出让制度和更加严格的区块退出机制，公开公平向符合条件的各类市场主体出让相关矿业权，允许油气企业之间以市场化方式进行矿业权转让，逐步形成以大型国有油气公司为主导、多种经济成分共同参与的勘查开采体系。

鼓励改革试点和模式创新。持续推进新疆油气勘查开采改革试点，总结经验、完善制度并加快向全国推广。加大页岩气矿业权出让，鼓励多元投资主体进入。总结和发展新疆、川渝、鄂尔多斯盆地等地区常规油气、页岩气、致密气勘探开发企地合作、合资混改、引入竞争等创新模式。支持有条件的省（区、市）开展天然气体制改革综合试点或专项试点。在资源开发和基础设施建设运营领域积极有序发展混合所有制经济。

推动天然气管网运输和销售分离，大力推进天然气基础设施向第三方市场主体开放。放开非居民用气价格，进一步完善居民用气定价机制，加强天然气管输价格和成本监审，有效降低输配气成本，扩大天然气利用规模。建立完善上中下游天然气价格联动机制，加大天然气下游市场的开发培育力度，供气企业合理承担普遍服务义务，形成终端市场的竞争环境。依据市场化原则允许符合条件的企业参与天然气进口。鼓励符合产品质量标准的生物天然气进入天然气管网和车用燃气等领域。

理顺资源开发税费关系，在统筹研究相关税费改革的基础上，研究建立矿产资源国家权益金制度，实施好资源税政策，合理确定负担水平。改革管道运营企业税收收入分配机制。加强行业管理，推动建立独立第三方行业研究机构。研究推动油气大数据平台建设。

3. 进一步深入推进石油企业改革

完善国有油气企业法人治理结构，规范投资管理、强化风险控制，提高项目决策和运营管理水平。优化国有企业考核机制，加强对服务国家战略、保障国家油气供应安全和国民经济运行任务的考核，监管和推动石油企业可持续发展。

鼓励具备条件的油气企业发展股权多元化和多种形式的混合所有制。推进国有油气企业工程技术、工程建设和装备制造等业务进行专业化重组，作为独立的市场主体参与竞争，促进内部资源优化高效配置，瘦身健体，降本增效。

推进配套改革，加快剥离国有企业办社会职能和解决历史遗留问题，为国有企业公平参与市场竞争创造条件。中央财政通过安排国有资本经营预算支出等方式给予必要支持。

4. 保障勘探开发和基础设施建设

落实《找矿突破战略行动总体方案（2016～2020年）》，加大财政资金基础地质调查投入力度，加快资源勘查市场开放，引导和鼓励社会资本投入，强化矿业权监管和科技支撑，通过激发市场活力使勘查和勘探投入保持在较高水平。油气企业要立足国内，切实保障"十三五"勘探工作量投入不低于"十二五"，加快储量探明和经济高效动用，推动天然气快速增储上产。

加强管网、储气库等基础设施投资建设，加强管网互联互通，提高天然气区域互济及应急调峰能力。统筹衔接天然气基础设施布局规划与土地利用、环保、水利、城乡规划等相关规划，健全西北、东北"管廊带"，集约节约利用资源。各省（区、市）应统筹勘探开发、天然气基础设施用地，确保用地需求纳入各省土地利用总体规划。各省（区、市）要简化核准办理手续，支持国家重大基础设施建设。建立用海协调机制，解决近海海域油气勘探开发用海矛盾。

创新天然气基础设施项目管理机制，开展通过招投标等方式选择投资主体试点工作。开展地下储气库库址普查筛选和评价。加大企业债券等对基础设施建设支持力度。研究推动利用金融手段支持天然气基础设施建设的措施。推动基础设施项目在符合条件的前提下向经济欠发达、民族地区、革命老区等优先安排并给予支持。

5. 保障管道安全运行

各省级人民政府要加强对本行政区域管道保护工作的领导，督促本行政区域内的市级、县级人民政府指定主管管道保护工作的部门，县级以上地方人民政府主管管道保护的部门要依法履行职责。要落实管道保护企业主体责任，严格依法开展管道建设和维护工作，加强检测与巡查。研究制定石油天然气管道保护法实施细则、海洋石油天然气管道保护条例，加大管道保护法的执行力度。建立中央与地方各部门上下联动保护机制，确保管道安全运行。加强管道与铁路、公路等其他重大建设工程相遇相交关系处理。加大管道安全隐患整改支持力度。

6. 加快市场体系建设

加快推进油气体制改革进程，鼓励各类市场主体有序进入天然气行业，形成多元化主体公平竞争局面，提高效率增强活力。打破垄断，有序放开竞争性业务，完善价格形成机制，发挥市场对资源配置的决定性作用，推动天然气交易中心建设，提高国际定价话语权。深入推进简政放权，加强简政放权后续监管，督促国家产业政策和标准规范落地。健全监管机制，加强事中事后监管和对市场准入、交易行为、垄断环节、价格成本等重点环节监管，加大区域管网及配气市场监管力度。

7. 加强科技创新和提高装备自主化水平

依托大型油气田及煤层气开发国家科技重大专项，推动油气重大理论突破、重大技术创新和重大装备本地化，全面实现"6212"（6大技术系列、20 项重大技术、10 项重大装备、22 项示范工程）科技攻关目标。重点攻克页岩气、煤层气经济有效开发的关键技术与核心装备，攻克复杂油气田进一步提高采收率的新技术，同时加强科研项目与示范工程紧密衔接。依托大型骨干企业，吸收包括民企在内的全社会优势力量，以企业为主体、产学研相结合，发挥示范项目引领作用。加快高层次人才培养和创新团队建设，提高油气科技自主创新能力。加快燃气轮机研发制造自主化进程，燃机核心技术研发能力和关键部件生产能力取得重大突破，有序推进自主燃机国产化应用。进一步提升天然气长输管线压缩机组和 LNG 接收站关键装备技术等水平并推动示范应用，进一步提高海洋油气装备研发制造能力。加强天然气水合物基础研究工作，重点攻关开发技术、环境控制等技术难题，超前做好技术储备。

8. 深入推进国际合作

深化双边、多边天然气合作，落实"一带一路"建设，加强与天然气生产国的合作，形成多元化供应体系，保障天然气供应安全。建立完善跨境天然气管道沿线国家保证供应多层面协调机制，重视跨境管道安全保护，保障安全平稳供气。促进与东北亚天然气消费国的合作，推动建立区域天然气市场，提高天然气价格话语权。积极参与全球能源治理，加强与国际组织的合作，为我国天然气发展创造更好的国际环境。

五、环境保护

（一）环境影响分析

1. 提高能效和节能减排效果显著

目前，我国一次能源消费结构仍以煤炭为主，二氧化碳排放强度高，环境压力大。"十三五"期间，随着天然气资源开发利用加快，天然气占一次能源消费的比重将提高，可有效降低污染物和二氧化碳排放强度。发电和工业燃料上天然气热效率比煤炭高约 10%，天然气冷热电三联供热效率较燃煤发电高近 1 倍。天然气二氧化碳排放量是煤炭的 59%、燃料油的 72%。大型燃气—蒸汽联合循环机组二氧化硫排放浓度几乎为零，工业锅炉上二氧化硫排放量天然气是煤炭的 17%、燃料油的 25%；大型燃气—蒸汽联合循环机组氮氧化物排放量是超低排放煤电机组的 73%，工业锅炉的氮氧化物排放量天然气是煤炭的 20%；另外，与煤炭、燃料油相比，天然气无粉尘排放。若 2020 年天然气消费量达到 3600 亿立方米，比 2015 年增加 1670 亿立方米，同增加等量热值的煤炭相比，每年可减排二氧化碳 7.1 亿吨、二氧化硫 790 万吨。

2. 可持续发展作用重大

天然气广泛使用对保护生态环境，改善大气质量，提高公众生活质量和健康水平，实现可持续发展具有重要作用。天然气覆盖面的扩大和天然气普及率的提高，使越来越多的人民群众能共享天然气的清洁性，生活质量得到提高，对我国经济社会可持续发展将发挥重要作用。

（二）环境保护措施

坚持统筹规划、合理布局、保护环境、造福人民，实现天然气开发利用与安全健康、节能环保协调发展。认真执行环境影响评价制度和节能评估审查制度，加强项目环保评估和审查、节能评估和审查。加强国家重要生态功能区或生态脆弱区等生态保护重点地区

环境监管力度。加强建设项目防洪影响和水资源论证工作，切实落实建设项目水土保持方案制度和"三同时"制度，认真实施水土保持预防和治理措施，控制人为水土流失。加强集约化开发力度，尽量减少耕地、林地占用。大力发展生物天然气，促进农作物秸秆、畜禽粪便等农业废弃物资源的利用。完善高酸性气田安全开发技术，加强对常规天然气开采及净化等过程大气污染治理，减少无组织排放和非正常排放，确保满足环境管理相关要求。加强对页岩气开发用水和煤制天然气生产用水及其处理的管理及环境监测。大力推广油田伴生

气和气田试采气回收技术、天然气开采节能技术等。采取严格的环境保护措施降低对环境敏感区的影响，优化储运工艺，加强天然气泄漏检测，减少温室气体逃逸排放。加大 LNG 冷能利用力度。

附表

天然气主干管道规划表

序号	管道名称	长度	管径	设计输量	设计压力	备注
		公里	毫米	亿方/年	兆帕	
1	西三线	3807				
	东段干线（吉安—福州）	817	1219/1016	150	10	在建
	中段干线（中卫—吉安）	2062	1219	300	12	
	闽粤支干线	575	813	56	10	
	中卫—靖边支干线	353	1219	300	12	
2	西四线（伊宁—中卫）	2431				
	伊宁—吐鲁番段	760	1219	300	12	
	吐鲁番—中卫段	1671	1219	300	12	
3	西五线（乌恰—中卫）	3200				
	乌恰—连木沁段	1495	1219	300	12	
	连木沁—中卫段	1705	1219	300	12	

序号	管道名称	长度	管径	设计输量	设计压力	备注
		公里	毫米	亿方/年	兆帕	
4	中亚D线（含境外段）	1000	1219	300	12	
5	陕京四线	1274	1219	300	12（10）	
6	中俄东线					
	黑河—长岭（含长春支线）	737/115	1422/1016	380	12	
	长岭—永清	1110	1422/1219	150	12	
	安平—泰安	321	1219	200	10	
	泰安—泰兴	715	1219	200	10	
7	楚雄—攀枝花管道	186	610	20	6.3	
8	新疆煤制气外输管道	8972	1219/1016	300	12（10）	
9	鄂尔多斯—安平—沧州管道	2422	1219/1016	300	12（10）	
	濮阳—保定支干线	443	1016	100	10	
10	青岛—南京管道	553	914	80	10	
11	川气东送二线管道 550 1016 120 10					
12	川气东送二线管道	550	1016	120	10	

序号	管道名称	长度	管径	设计输量	设计压力	备注
		公里	毫米	亿方/年	兆帕	
13	蒙西煤制气外输管线	1200	1219	300	12	
14	琼粤海口—徐闻管道	265	914	100	10	
15	青藏天然气管道	1140	610	12.7	6.3	
16	广西LNG配套管道	1106	813/610	40	10	在建
17	天津LNG配套管道	475	1016/813	40	10	在建
	武清—通州支线	56	711	30	10	
18	深圳LNG调峰接收站配套管道	65	813	107	9.2	
19	唐山LNG接收站外输管道复线	161	1219	200	10	
20	威远—荣昌—南川—涪陵	440	711/813/1016	50/60/80	10	

国家发展改革委、科技部、工业和信息化部等关于印发《加快推进天然气利用的意见》的通知

发改能源〔2017〕1217 号

各省、自治区、直辖市和计划单列市、新疆生产建设兵团发展改革委、能源局、科技厅（委、局）、财政厅、国土厅、住建厅（建委）、商务厅、经信委（工信委、工信厅）、环境保护厅（局）、交通运输厅、国资委、国税局、地税局、质监局（市场监管委）、物价局，国家能源局各派出监管机构，各有关中央企业，有关行业协会、学会：

为贯彻落实中央财经领导小组第六次、第十四次会议、《大气污染防治行动计划》（国发〔2013〕37 号）、《能源发展战略行动计划（2014～2020 年）》（国办发〔2014〕31 号）、《能源发展"十三五"规划》（发改能源〔2016〕2744 号）有关精神，加快推进天然气利用，提高天然气在我国一次能源消费结构中的比重，我们制定了《加快推进天然气利用的意见》（以下简称《意见》）。现印发执行，并就有关事项通知如下。

一、充分认识加快推进天然气利用的重要意义。天然气是优质高效、绿色清洁的低碳能源，并可与可再生能源发展形成良性互补。未来一段时期，我国天然气供需格局总体宽松，具备大规模利用的资源基础。加快推进天然气利用，提高天然气在一次能源消费中的比重，是我国稳步推进能源消费革命，构建清洁低碳、安全高效的现代能源体系的必由之路；是有效治理大气污染、积极应对气候变化等生态环境问题的现实选择；是落实北方地区清洁取暖，推进农村生活方式革

命的重要内容；并可带动相关设备制造行业发展，拓展新的经济增长点。

二、加强指导落实责任。各省（区、市）人民政府要切实承担起加快天然气利用的责任，制定出台本地区加快推进天然气利用的意见，建立各部门协同推进机制，分解主要目标，落实年度重点任务，明确职责分工，完善配套政策。各企业作为加快天然气利用的市场主体，要根据《意见》提出的主要目标和重点任务，细化落实企业实施方案，推进重大项目建设，确保各项指标和任务按期完成。各部门要按照职能分工，加强沟通配合，制定和完善相关配套政策措施，国家发展改革委、能源局会同各部门，对各省（区、市）推进天然气利用的实施情况进行跟踪分析和监督检查。

国家发展改革委

科　技　部

工业和信息化部

财　政　部

国土资源部

环境保护部

住房和城乡建设部

交通运输部

商　务　部

国　资　委

税务总局

质检总局

国家能源局

2017 年 6 月 23 日

附件

加快推进天然气利用的意见

为加快推进天然气利用，提高天然气在我国一次能源消费结构中的比重，稳步推进能源消费革命和农村生活方式革命，有效治理大气污染，积极应对气候变化，现形成以下意见。

一、总体要求

（一）指导思想

全面贯彻党的十八大和十八届三中、四中、五中、六中全会精神，深入落实习近平总书记系列重要讲话精神，牢固树立创新、协调、绿色、开放、共享的发展理念，遵循"四个革命、一个合作"能源发展战略思想，发挥市场在资源配置中的决定性作用，以燃料清洁替代和新兴市场开拓为主要抓手，加快推进天然气在城镇燃气、工业燃料、燃气发电、交通运输等领域的大规模高效科学利用，产业上中下游协调发展，天然气在一次能源消费中的占比显著提升。

（二）基本原则

规划引领、政策驱动。充分发挥规划引领作用，明确天然气利用目标、部署及保障措施。切实落实大气污染防治行动计划，限制使用高污染燃料。推进北方地区清洁取暖，加快提高清洁供暖比重。充分发挥环保、产业、金融、财政、价格政策对扩大天然气利用的驱动作用。

改革创新、市场运作。深入推进天然气体制改革，着力破解影响天然气产业健康发展的体制机制障碍，发挥市场在天然气资源配置中的决定性作用。有序放开竞争性环节，鼓励各类资本进入天然气基础设施建设和利用领域，加快推进天然气价格市场化。

全面推进、突出重点。将北方地区冬季清洁取暖、工业和民用"煤改气"、天然气调峰发电、天然气分布式、天然气车船作为重点。因地制宜、以点带面，积极推进试点示范，积累经验后逐步推广。

产业协调、健康发展。重视天然气产业链上中下游协调，构建从气田开发、国际贸易、接收站接转、管道输配、储气调峰、现期货交易到终端利用各环节协调发展产业链，以市场化手段为主，做好供需平衡和调峰应急。各环节均要努力降低成本，确保终端用户获得实惠，增强天然气竞争力。

（三）总体目标

逐步将天然气培育成为我国现代清洁能源体系的主体能源之一，到 2020 年，天然气在一次能源消费结构中的占比力争达到 10% 左右，地下储气库形成有效工作气量 148 亿立方米。到 2030 年，力争将天然气在一次能源消费中的占比提高到 15% 左右，地下储气库形成有效工作气量 350 亿立方米以上。

二、重点任务

（一）实施城镇燃气工程

推进北方地区冬季清洁取暖。按照企业为主、政府推动、居民可承受的方针，宜气则气、宜电则电，尽可能利用清洁能源，加快提高清洁供暖比重。以京津冀及周边大气污染传输通道内的重点城市（2+26）为抓手，力争 5 年内有条件地区基本实现天然气、电力、余热、浅层地能等取暖替代散烧煤。在落实气源的情况下，积极鼓励燃气空调、分户式采暖和天然气分布式能源发展。

快速提高城镇居民燃气供应水平。结合新型城镇化建设，完善城镇燃气公共服务体系，支持城市建成区、新区、新建住宅小区及公共服务机构配套建设燃气设施，加强城中村、城乡结合部、棚户区燃气设施改造及以气代煤。加快燃气老旧管网改造。支持南方有条件地区因地制宜开展天然气分户式采暖试点。

打通天然气利用"最后一公里"。开展天然气下乡试点，鼓励多种主体参与，宜管则管、宜罐则罐，采用管道气、压缩天然气（CNG）、液化天然气（LNG）、液化石油气（LPG）储配站等多种形式，提高偏远及农村地区天然气通达能力。结合新农村建设，引导农村居民因地制宜使用天然气，在有条件的地方大力发展生物天然气（沼气）。

（二）实施天然气发电工程

大力发展天然气分布式能源。在大中城市具有冷热电需求的能源负荷中心、产业和物流园区、旅游服务区、商业中心、交通枢纽、医院、学校等推广天然气分布式能源示范项目，探索互联网＋、能源智能微网等新模式，实现多能协同供应和能源综合梯级利用。在管网未覆盖区域开展以 LNG 为气源的分布式能源应用试点。

鼓励发展天然气调峰电站。鼓励在用电负荷中心新建以及利用现有燃煤电厂已有土地、已有厂房、输电线路等设施建设天然气调峰电站，提升负荷中心电力安全保障水平。鼓励风电、光伏等发电端配套建设燃气调峰电站，开展可再生能源与天然气结合的多能互补项目示范，提升电源输出稳定性，降低弃风弃光率。

有序发展天然气热电联产。在京津冀及周边、长三角、珠三角、东北等大气污染防治重点地区具有稳定热、电负荷的大型开发区、工业聚集区、产业园区等适度发展热电联产燃气电站。

（三）实施工业燃料升级工程

工业企业要按照各级大气污染防治行动计划中规定的淘汰标准与时限，在"高污染燃料禁燃区"重点开展 20 蒸吨及以下燃煤燃油工业锅炉、窑炉的天然气替代，新建、改扩建的工业锅炉、窑炉严格控制使用煤炭、重油、石油焦、人工煤气作为燃料。

鼓励玻璃、陶瓷、建材、机电、轻纺等重点工业领域天然气替代和利用。在工业热负荷相对集中的开发区、工业聚集区、产业园区等，鼓励新建和改建天然气集中供热设施。支持用户对管道气、CNG、LNG 气源做市场化选择，相关设施的规划、建设和运营应符合法律法规和技术规范要求。

（四）实施交通燃料升级工程

加快天然气车船发展。提高天然气在公共交通、货运物流、船舶燃料中的比重。天然气汽车重点发展公交出租、长途重卡，以及环卫、场区、港区、景点等作业和摆渡车辆等。在京津冀等大气污染防治重点地区加快推广重型天然气（LNG）汽车代替重型柴油车。船舶领域重点发展内河、沿海以天然气为燃料的运输和作业船舶，并配备相应的后处理系统。

加快加气（注）站建设。在高速公路、国道省道沿线、矿区、物流集中区、旅游区、公路客运中心等，鼓励发展 CNG 加气站、LNG加气站、CNG/LNG 两用站、油气合建站、油气电合建站等。充分利用现有公交站场内或周边符合规划的用地建设加气站，支持具备场地等条件的加油站增加加气功能。鼓励有条件的交通运输企业建设企业自备加气站。推进船用 LNG 加注站建设，加快完善船用 LNG 加注站（码头）布局规划。加气（注）站的设置应符合相关法律法规和工程、技术规范标准。

三、政策保障

（一）实行更加严格的环保政策

划定并逐步扩大高污染燃料禁燃区范围。地方人民政府要加快高污染燃料禁燃区划定工作，已划定高污染燃料禁燃区的地区应根据大气环境质量改善要求和天然气等清洁能源供应情况，逐步扩大实施范围，由城区扩展到近郊。高污染燃料禁燃区内禁止销售、燃用高污染燃料，禁止新建、扩建燃用高污染燃料的设施，已建成的，在城市人民政府规定的期限内改用天然气、电力或其他清洁能源。针对大气污染防治重点地区，制定更为严格的排放标准，实施特别排放限值，全面推进排污许可管理。各地能源监管、质量监督、工商行政管理、环境保护等部门按照各自职责对高污染燃料禁燃区内的煤炭生产、流通、使用实施严格监管，同步加强对工业、发电企业用煤监管。

严控交通领域污染排放。强化陆上交通移动源污染防治、船舶排放控制，制定严格的运输工具污染物排放标准和单位运输周转量 CO_2 排放降低要求。在长三角、珠三角等沿海重点海域严格落实船舶污染物排放控制有关要求，加强内河船舶排放污染防治工作。大气污染防治重点地区全面安装车辆排污监控设备，加强协同管控，重点筛查柴油货车和高排放汽油车，严格限制超标排放车辆上路行驶。

将煤改清洁能源纳入环保考核。建立对各省（区、市）环保措施落实的考核问责机制，切实落实党委政府环保"党政同责"、"一岗双责"，将民用和工业燃料"煤改气"等纳入考核内容，确保实施效果。

（二）完善天然气价格机制

深化天然气价格改革。推进非居民用气价格市场化改革，进一步完善居民用气定价机制。上游经营主体多元化和基础设施第三方公平接入实现后，适时放开气源和销售价格。各地要加强省内天然气管道运输和配气价格监管，抓紧制定监管规则，建立健全成本监审制度，推行成本信息公开，强化社会监督。完善天然气发电价格机制。

完善气电价格联动机制，有条件的地方可积极采取财政补贴等措施疏导天然气发电价格矛盾。随着电力体制改革进程推进以及电力辅助服务市场的进一步推广，推进天然气发电价格市场化。细化完善天然气分布式能源项目并网上网办法。

（三）健全天然气市场体系

减少供气中间环节。要积极推进体制机制改革，尽量压缩省内天然气供应中间环节，减少供气层级，有效降低各环节输配费用。天然气主干管网可以实现供气的区域和用户，不得以统购统销等名义，增设供气输配环节，提高供气成本。对没有实质性管网投入或不需要提供输配服务的加价，要立即取消。各地在项目核准时，对省内天然气管道项目建设要认真论证，对增设不必要中间环节的管道项目要严格把关，坚决杜绝新建管道"拦截收费"现象。

建立用户自主选择资源和供气路径的机制。用户可自主选择资源方和供气路径，减少供气层级，降低用气成本。用户自主选择资源方和供气路径的，应当符合当地城乡发展规划、天然气和燃气发展等专项规划，地方人民政府应加强统筹协调给予支持。企业应按照《城镇燃气管理条例》的规定，申请取得燃气经营许可证后方可经营供气。支持天然气交易中心有序建设和运营，鼓励天然气市场化交易。

（四）完善产业政策

加快法规标准"立改废释"。加快清理和修改不适合新形势和改革要求的法律法规和规范性文件。简化优化天然气利用行政审批事项，消除行业性、地区性、经营性壁垒，促进公平竞争。加快天然气计量、天然气车船制造、LNG 陆路内河储配、加气（注）站安全防护和安全距离等标准规范的制修订工作。研究内河 LNG 动力船舶过闸、LNG 动力船过三峡大坝等政策。启动船舶用油质量升级。结合南方地区天然气分户采暖试点工作，研究制定地方标准，稳步提高居住建筑节能标准。

强化天然气设施用地保障。各省（区、市）应将天然气储气调峰设施、加气（注）站项目布局纳入能源及相关行业规划，并做好与土地利用、城乡建设等规划的衔接。支持企业依法利用存量用地建设以上项目。对符合划拨用地目录的天然气设施用地优先划拨，鼓励以出让、租赁方式供应天然气设施用地。优先保证储气调峰设施建设用地需求。

落实碳排放权交易制度。推动建设并不断完善全国统一的碳排放权交易市场，在发电、石化、化工、建材、钢铁、有色金属、造纸等行业，对以天然气为燃料、原料的设施和企业分配碳排放配额时予以重点倾斜。

（五）强化财政和投融资支持

完善财政支持。鼓励地方政府因地制宜配套财政支持，推进天然气管道、城镇燃气管网、储气调峰设施、"煤改气"、天然气车船、船用 LNG 加注站、天然气调峰电站、天然气热电联产、天然气分布式等项目发展。2017 年 12 月 31 日前对新建 LNG 动力船或以动力系统整体更新方式改建为 LNG 动力船舶按规定享受有关专项补贴政策。

拓宽融资渠道。支持地方政府、金融机构、企业等在防范风险基础上创新合作机制和投融资模式，创新和灵活运用贷款、基金、债券、租赁、证券等多种金融工具，加大天然气利用及基础设施建设运营领域融资支持。加强对民间投资的金融服务，积极推广政府和社会资本合作（PPP）等方式，吸引社会资本投资、建设、运营天然气基础设施。在清洁能源利用和大气污染治理领域，支持京津冀晋鲁豫等重点地区金融支持政策先行先试。

（六）加大科技创新

加快科技攻关和装备产业化。政、产、学、研、用相结合，加大天然气利用基础研究和应用研究投入，促进成果转化。紧密跟踪世界前沿技术发展，加强交流合作。推动天然气利用领域的材料（包括高锰奥氏体钢、因瓦合金等）和装备（包括燃气轮机、小型燃机、车用第五代高压直喷发动机、大型 LNG 船用单燃料发动机等）科技攻关及国产化，鼓励和推动天然气利用装备产业化。

研发 LNG 运输和车用气技术。加快提升水运、铁路、公路 LNG 运输效率，推进多式联运，探索研发集装箱方式运输 LNG 的技术和装备，增强 LNG 运输的灵活性。鼓励并引导 LNG 整车企业加大对电控、发动机、气瓶和蒸发气体回收等方面技术的研发力度，提高天然气车辆运营效率。

（七）推进试点示范

积极探索、试点先行，着力加强重点领域、关键环节改革创新试点，探索一批可持续、可推广的试点经验。一是在油气体制改革总体方案框架内，有序支持四川、重庆、新疆、贵州、江苏、上海、河北等省市开展天然气体制改革综合试点或专项试点。二是健全天然气管道第三方公平准入机制，推进 LNG 接收站第三方开放试点，强化天然气管网设施公平开放监管。三是推进天然气价格市场化改革试点等。

四、加强资源供应保障

（一）提高资源保障能力

立足国内加大常规、深海深层以及非常规天然气勘探开发投入，积极引进国外天然气资源，加强油气替代技术研发，推进煤制气产业示范，促进生物质能开发利用，构筑经济、可靠的多元化供应格局。鼓励社会资本和企业参与海外天然气资源勘探开发、LNG 采购以及 LNG 接收站、管道等基础设施建设。优先保障城镇居民和公共服务用气。

（二）加强基础设施建设和管道互联互通

油气企业要加快天然气干支线、联络线等国家重大项目推进力度。建立项目单位定期向项目主管部门报告建设情况的制度，项目主管部门建立与重大项目稽查部门沟通机制，共享有关项目建设信息。重大项目稽查部门可根据项目建设情况，加强事中事后监管，开展不定期检查，督促项目建设。支持煤层气、页岩气、煤制天然气配套外输管道建设和气源就近接入。集中推进管道互联互通，打破企业间、区域间及行政性垄断，提高资源协同调配能力。加快推进城市周边、城乡结合部和农村地区天然气利用"最后一公里"基础设施建设。开展天然气基础设施建设项目通过招投标等方式选择投资主体试点工作。

（三）建立综合储气调峰和应急保障体系

天然气销售企业承担所供应市场的季节（月）调峰供气责任，城镇燃气企业承担所供应市场的小时调峰供气责任，日调峰供气责任由销售企业和城镇燃气企业共同承担，并在天然气购销合同中予以约定。天然气销售企业、基础设施运营企业、城镇燃气企业等要建立天然气应急保障预案。天然气销售企业应当建立企业天然气储备，到2020 年拥有不低于其年合同销售量 10% 的工作气量。县级以上地方人民政府要推进 LNG、CNG 等储气调峰设施建设，组织编制燃气应急预案，采取综合措施至少形成不低于保障本行政区域平均 3 天需求量的应急储气能力。

支持承担储气调峰责任的企业自建、合建、租赁储气设施，鼓励承担储气调峰责任的企业从第三方购买储气调峰服务和调峰气量等辅助服务创新。支持用户通过购买可中断供气服务等方式参与天然气调峰。放开储气地质构造的使用权，鼓励各方资本参与，创新投融资和建设运营模式。鼓励现有 LNG 接收站新增储罐泊位，扩建增压气化设施，提高接收站储转能力。

国家发展改革委
关于做好煤电油气运保障工作的通知

发改运行〔2017〕1659号

各省、自治区、直辖市发展改革委、经信委（工信委、工信厅），北京市城管委，吉林省能源局，煤电油气运保障工作部际协调机制有关成员单位，中国电力企业联合会，中国华能集团公司、中国大唐集团公司、中国华电集团公司、中国国电集团公司、国家电力投资集团公司、中国长江三峡集团公司、国家开发投资公司、中国核工业集团公司、中国广核集团公司、神华集团有限责任公司、中国中煤能源集团有限公司、中国海洋石油总公司、中国远洋海运集团有限公司：

为统筹做好煤电油气运供应工作，为党的十九大胜利召开提供有力保障，营造良好的氛围，现就有关事项通知如下。

一、增强"四个意识"，突出综合谋划

党的十九大是在我国全面建成小康社会决胜阶段召开的一次十分重要的代表大会，是党和国家政治生活中的一件大事。各地经济运行部门、有关企业和行业协会要牢固树立"四个意识"，充分认识做好十九大期间煤电油气运保障工作的重大意义，切实把做好与经济社会发展和群众生产生活密切相关的供煤、供电、供油、供气、供暖和有关运输保障等工作，作为当前经济运行调节的一项重大政治任务，精心谋划，周密安排，主动担当，狠抓落实，确保党的十九大召开前后煤电油气运稳定供应。

二、加强运行调节，努力保障安全稳定供应

（一）加强经济运行态势分析研判。近期各地要强化对本地区经济运行态势特别是煤电油气运供需状况的分析监测，准确把握市场需求变化，密切关注国内外经济和上下游行业变化对煤电油气运供需关系的影响。重点加强对生产、销售、库存等情况的跟踪监测及产运销衔接，保持合理库存水平，及时发现和协调解决供应中的问题，保障重点时段、重点行业市场稳定有序供应。

（二）加快推进煤炭优质产能释放。一是各产煤地区要组织指导煤炭生产企业在确保安全的前提下科学组织生产，不得以简单停产方式开展或应对执法检查，重点产煤地区要认真落实保供责任。二是严格落实增减挂钩、减量置换要求，加快办理相关手续，促进建设项目依法依规投入建设生产。相关政府部门要按照简政放权、放管结合、优化服务要求，加快办理建设项目核准手续；对已核准项目，要积极协调加快办理采矿许可、土地使用、环境影响评价和安全生产许可等后续手续，已建成项目要及时开展联合试运转和竣工验收等工作。三是按照严格条件标准、严格减量置换的原则，对部分符合条件的优质产能煤矿重新核定生产能力。各地和有关中央企业要积极协调和组织具备条件的煤矿加紧落实产能置换方案，为加快办理相关手续、增加有效供给创造条件。

（三）做好电力稳发稳供。一是落实稳定发电责任。各单位要按照要求，继续做好相关工作，首先确保完成今年电力迎峰度夏任务。各地要认真执行优先发电计划，密切跟踪并及时公开进度，切实促进清洁能源多发满发，优先上网。发电企业要分析供需形势，提前做好燃料采购、运力衔接和储存，千方百计扩大场存能力、提高存储水平；做好设备维护和检修，稳定发电出力，兑现直接交易合同。二是优化电网运行方式。电网企业要在保证安全的条件下优化火电机组运行方式，为清洁能源上网腾出空间；充分发挥北京、广州电力交易平台作用，进一步加大跨省区送受电规模，实施余缺互补；积极开展发电权交易，实现清洁能源机组与火电机组间利益调节，鼓励同一集团内实行跨省区发电权交易。三是增强系统调节能力。各地要加大火电机组灵活性改造力度，积极扩大热电解耦规模，增强系统消纳可再生能源能力；要建立利益调节机制，切实落实《可再生能源调峰机组优先发电试行办法》，再加快认定一批调峰机组，提高火电机组参与调峰积极性；鼓励清洁能源机组与煤电机组、自备电厂开展发电权交易，引导参与调峰。

（四）提高油品天然气供应保障能力。有关企业要根据重点时段、重点地区、重点领域市场供需变化情况，在安全生产前提下适当提高加工负荷，加强产运销衔接和便民服务，保持合理库存水平，满足不同品种牌号油品需求，特别要做好严寒地区低凝点柴油供应工作，优先保证高速公路、中心城区等重点用油需求。要及早采取增产、增加进口、减少自用等措施增加天然气资源供应，加快推进管网建设和互联互通促进资源优化配置，有效发挥储气设施调峰作用，确保重点地区、重点用户天然气需求。各地天然气保障主管部门要按照签订的《2017年保证民生用气责任书》有关要求，明确目标任务，落实各地天然气供应保障主管部门责任，完善综合保供措施，确保民生用气。

（五）加强运输协调保障。各地要提前摸清运输需求，加强与运输部门的沟通衔接，制定煤炭、粮食等重点物资运输方案，强化运输综合协调，确保重点物资运输平稳有序。铁路、港航企业要继续加强与上下游企业的沟通，特别是对东北等地区存煤明显偏低的重点电厂，优先安排请车、装车、装船和港口接卸，保障煤炭港存处于合理水平；充分利用管输、铁路、公路等多种运输方式，加强对粮食主产区域柴油资源调运，确保秋种用油需要；按照国家粮食调拨计划，加强粮食调运协调，做好跨省移库粮和省内集并粮运输工作；根据市场供应需要，重点做好西北钾肥、西南磷肥及山东、山西氮肥运输。运输部门要根据客流变化，科学安排，合理组织，努力满足国庆"黄金周"等重点时段旅客出行需要，确保旅客运输平稳有序。

（六）务必确保安全生产。煤电油气运各单位要提高思想认识，牢固树立安全发展理念，始终把安全生产放在首要位置，严格做到"不放过任何一个漏洞，不丢掉任何一个盲点，不留下任何一个隐患"。各有关单位要认真贯彻落实国务院安委会的部署，配合支持有关部门开展全国安全生产大检查，强化隐患排查治理，坚决落实安全生产责任制，健全安全生产工作长效机制，促进煤电油气运安全生产和稳定供应。

三、坚持问题导向，着力解决好重点地区的问题和困难

（一）确保华北电网平稳有序运行。各有关单位要坚持"全国保华北，华北保京津唐，京津唐保北京，北京保核心"的原则，统筹资源，集中力量，确保党的十九大期间北京电网的安全平稳运行。要充分发挥跨省区送电通道作用，加强跨省区送电支援，确保受电地区的电源支撑，保障电网供需平衡。发电企业要严格落实发电运行安排方案，服从调度命令，确保机组正常运行，加强环保设施运行管理，确保达标排放。对发电机组、变电站、重要输电线路等关键部位要加强值守；对电网运行的薄弱环节要加强安全技术保障，提高电力供应保障系数。

（二）强化华北地区用油用气。有关企业要进一步优化加工方案，高负荷生产京Ⅵ、国Ⅴ汽柴油产品，重点保障华北地区特别是重点城市成品油清洁安全稳定供应。积极协调外方保障进口管道气稳定供应，提前落实进口 LNG 资源，确保主力气田按计划生产，优化储气库注采方案，按时建成投用陕京四线、中靖联络线等重点工程，组织存在资源硬缺口的城市通过市场采购等方式提前锁定资源，确保华北地区居民生活等重点用气需求。

（三）全力保障重点地区发电供暖煤炭供应。各省区市和相关企业要加强煤炭产运需动态监测分析，及时发现和协调解决供应中出现的突出问题，努力保障十九大召开前后煤炭稳定供应。京津唐地区，要积极落实煤源，加强运输调度协调，提前做好电煤储备工作，确保电煤稳定供应。东北地区要充分认识今冬明春煤炭供应保障的严峻性和复杂性，切实承担起本地区保供责任，进一步研究完善保供方案，确保责任到人、措施落地；内蒙古自治区政府要认真落实特别应急供煤措施，组织煤矿在确保安全的前提下做好生产，全力保障东北地区和京津唐地区煤炭稳定供应。重庆、四川、贵州、云南等保供难度较大的地区，要合理把握去产能的节奏和力度，积极整合资源，完善储煤设施，提高社会存煤和电厂存煤能力。运输企业要加强运力安排与运输组织，挖掘潜力增加煤炭运力，优先保障重点港口、重点用户和重点区域的运输需求。发电企业要认真履行保障供应主体责任，加强与煤矿、运输企业沟通，落实所需资源和运力，提前做好电煤储备工作，努力将电煤库存提升到合理水平。煤炭产运需三方要多签订量价齐全和有运力保障的中长期合同，要加强对合同执行情况的监督考核，进一步提高签约履约水平。

四、强化底线思维，科学制定应急预案

（一）加强安全隐患排查。各有关单位要对煤电油气运工作的风险隐患和薄弱环节进行彻底排查，做到对不安全因素早发现、早报告、早控制、早化解。持续加强巡检维护，细化各项安全管理方案，及时采取有效措施，消除安全隐患，防范和遏制重大事故发生，确保煤电油气运安全稳定运行。

（二）科学制定突发应急预案。各有关方面要针对重点领域、关键环节，研究制定发生事故灾难、出现极端天气等特殊情况下的应急预案，坚持底线思维，充分估计可能出现的各种困难，未雨绸缪，细化各项应对措施，加强应急演练，适时启动并做好组织实施工作，最大限度降低各类突发事件对煤电油气运保障工作的影响。主要产煤地区要结合产能情况、可供资源等研究提出保供措施，煤炭供应保障难度大的地区要摸清重点行业用煤情况，制定详实可操作的有序用煤工作预案，切实避免出现电厂缺煤停机的情况。电力供应偏紧地区要认真落实优先购电制度，及时制定有序用电方案，优先保障重点用户和居民等民生用电。科学制定成品油、天然气应急保供预案，采取必要的需求侧管理措施，科学确定减停供次序，确保十九大期间重点地区、重点场所、重大活动成品油和天然气的稳定供应。

五、加强组织领导，保障措施落实

（一）明确责任分工。各地政府部门要认真按照本地党委、人民政府的部署和分工，切实履行保障煤电油气运供应的责任，研究制定党的十九大期间煤电油气运保障工作方案，并层层压实相关部门和企业的主体责任，建立健全问责机制，确保任务落实、责任落实和督查落实。

（二）建立保障工作沟通协同机制。煤电油气运保障工作涉及到相关政府部门、各有关企业、用户等各个主体，涉及到各省份之间协调互济等方方面面，相关部门之间、企业之间要加强合作，务必做到协同联动。要建立沟通机制，强化信息共享和工作协同，形成合力，做到科学统筹。

（三）加快推进煤电油气运信用体系建设。各有关单位要创新事中事后监管方式，积极推动煤电油气运行业信用体系建设，规范市场主体行为，促进煤电油气运保障长效机制建立。积极建立相关市场主体信用记录，纳入统一的信用信息平台，引入第三方征信机构对市场主体开展信用评价。要开展煤电油气运领域失信问题专项治理，推进落实联合惩戒合作备忘录，对严重失信的市场主体实施联合惩戒，维护正常的行业秩序。

国家发展改革委
2017 年 9 月 14 日

国家发展改革委办公厅、国家能源局综合司关于全面开展天然气储气调峰设施建设运营情况自查和整改的通知

发改办运行〔2017〕1628号

各省、自治区、直辖市发展改革委、经信委、能源局，中石油集团、中石化集团、中海油总公司办公厅：

为落实煤电油气运保障工作部际协调机制第12次会议、煤电油气运保障工作电视电话会工作部署，根据《中共中央、国务院关于深化石油天然气体制机制改革的若干意见》（中发〔2017〕15号）、《关于建立保障天然气稳定供应长效机制的若干意见》（国办发〔2014〕16号）、《天然气基础设施建设与运营管理办法》（2014年国家发展改革委第8号令）等文件精神，现就全面开展天然气储气调峰设施建设运营情况自查和整改工作有关事项通知如下。

一、按照2020年主要供气企业储气能力达到合同供气量的10%、各地达到平均3天用气量的储气能力的规定，各地和主要供气企业要最大限度发挥现有天然气储气调峰能力，加快项目建设，确保未来各年度迎峰度冬天然气供应稳定，2020年达到规定指标。

二、各地级及以上城市、各主要供气企业要立即全面开展天然气储气调峰设施建设运营情况自查和整改，形成自查整改报告，连同2020年能达标、可落地的储气设施建设规划或专项计划，于10月25日前报送国家发展改革委经济运行调节局、国家能源局石油天然气司。各地由省级主管部门统一汇总报送，中央企业由集团公司统一报送。

三、各省、自治区、直辖市主管部门要督促有关城市按照储气调峰设施建设规划或专项计划加快在建项目建设，各主要供气企业也要按照各级规划和年度计划，抓紧推动地下储气库和LNG接收站储罐

以及管道按计划投用，力争今年迎峰度冬期间能发挥作用。

四、国家发展改革委运行局、国家能源局油气司将会同相关部门组成联合检查组，自10月下旬起对部分地区和企业天然气储气调峰设施情况以及储气调峰设施建设规划或专项计划制定情况进行抽查。对储气调峰设施建设差距大、严重影响天然气稳定供应的地区和企业将进行通报约谈。

联系人：能源局油气司　王晓伟　010－68502055

发改委运行局　苏　畅　010－68505021

国家发展改革委办公厅

国家能源局综合司

2017年9月28日

深圳市燃气供应保障应急预案

目　录

1 总　则

1.1 编制目的

为建立健全政府、企业与社会组织间分工明确、责任到位、常备不懈的全市燃气供应应急管理体系，做到紧急情况下高效、有序和迅速地启动应急气源，及时、有效地处置全市燃气供应突发事件，维护社会安全和稳定，满足居民生活、工商业及交通供气基本需要，把不良影响和损失降到最低程度，特制定本预案。

1.2 编制依据

本预案根据《中华人民共和国突发事件应对法》、《突发事件应急预案管理办法》、《广东省突发事件应对条例》、《深圳市突发事件应急预案管理办法》等有关法律、法规和规章，以及《国家突发公共事件总体应急预案》、《广东省突发事件总体应急预案》、《深圳市突发事件总体应急预案》、《深圳市突发事件专项应急预案框架指南》、《广东省天然气供应突发事件应急预案》、《深圳市燃气突发事故应急预案》等要求编制。

1.3 工作原则

1. 以人为本，民生为先。优先保障居民生活用气，最大限度地减少燃气供应减量或中断造成的各行业经济损失和社会影响，建立健全燃气供应保障的应急机制。

2. 居安思危，预防为主。坚持预防与应急相结合，常态与非常态相结合，加强燃气应急储备管理，增强燃气企业、管理部门及燃气上游气源企业之间的沟通，做好应对燃气供应突发事件的供应保障工作。

3. 统一领导，分级负责。在政府领导下，实行行政领导负责制，按照国家对突发事件实行分类管理、分级负责、条块结合、属地为主的应急管理体制要求，市相关部门负责相应级别的燃气供应突发事件处置工作的统一领导和指挥。

4. 依法规范，加强管理。依据有关法律、法规和规章，依托应急指挥机构，完善工作措施，提高预防和应对燃气供应突发事件后燃气供应的规范化、制度化、专业化和法制化水平。

5. 快速反应，协同应对。政府相关部门应充分依靠和发挥燃气企业力量，采取有效防范措施，健全应急联动机制，形成统一指挥、反应灵敏、功能齐全、协调有序、运转高效的应急管理机制。

6. 公开透明，及时发布。遵循"及时准确、公开透明"的方针，按照"以公开为原则，不公开为例外"的要求，及时、真实、准确、有效、主动地发布燃气供应突发事件和采取的燃气供应保障的权威信息。

1.4 燃气供应突发事件分级

依据燃气供应突发事件的危害程度、影响范围，由低至高分为四级：一般燃气供应突发事件（Ⅳ级）、较大燃气供应突发事件（Ⅲ级）、重大燃气供应突发事件（Ⅱ级）、特别重大燃气供应突发事件（Ⅰ级）。

1.4.1 一般燃气供应突发事件（Ⅳ级）

符合下列条件之一的，属于"一般燃气供应突发事件"：

1. 天然气

（1）上游天然气供应减量，日供应量已低于城市基本供应量。

（2）燃气突发事故造成 5000 户以上、1 万户以下居民连续停止供气 24 小时以上。

2. 液化石油气

全市液化石油气供应量持续降低，日供应量低于城市基本供应量。

1.4.2 较大燃气供应突发事件（Ⅲ级）

符合下列条件之一的，属于"较大燃气供应突发事件"：

1. 天然气

（1）天然气应急储备量不足 10 天。

（2）燃气突发事故造成 1 万户以上，3 万户以下居民停止供气 24 小时以上。

2. 液化石油气

（1）全市液化石油气应急储备量不足 7 天，且 5 天内后续补给气源无法到达。

（2）华安储存库出现技术故障，48 小时不能正常进出货。

1.4.3 重大燃气供应突发事件（Ⅱ级）

符合下列条件之一的，属于"重大燃气供应突发事件"：

1. 天然气供气系统发生故障，严重影响局部地区供气。

2. 天然气供应突发事件引发次生灾害，严重影响其他基础设施正常使用。

3. 燃气突发事故造成 3 万户以上居民停止供气 24 小时以上。

4. 超出本市人民政府应急处置能力的燃气供应突发事件。

1.4.4 特别重大燃气供应突发事件（Ⅰ级）

符合下列条件之一的，属于"特别重大燃气供应突发事件"：

1. 国家长输管线气源接收站、城市门站等高压天然气供气系统发生事故，严重影响天然气供应。

2. 燃气突发事故造成 5 万户以上居民停止供气 48 小时以上。

1.5 适用范围

本预案适用于发生在本市行政区域内燃气供应突发事件的防范和

应对工作。

1.6 燃气供应突发事件现状

随着西气东输二线抵深，本市燃气用户飞跃发展，居民用户、工商业用户数量不断增加，燃气的重要性不断上升，已成为本市与民生相关的重要保障物资之一。

但深圳市是一个燃气资源贫乏的城市，目前供应本市天然气的有两个气源，分别为大鹏 LNG 和西气东输二线天然气，大鹏 LNG 来自澳大利亚，船运、长距离输送都会存在供应的风险；西气东输二线气源也主要来自土库曼斯坦等国家，同时深圳位于西气东输二线 8900 多公里长输管线最末端，同样存在供应保障的不确定性，而受"照付不议"合同限制，两个气源互相支援的能力有限。深圳市液化石油气 90% 左右靠从中东及东南亚地区进口，通过海上运输到达龙岗葵涌下洞及南山蛇口（东角头、赤湾）码头气库，船运、长距离输送均存在供应风险，且国产液化石油气仅作为补充气源调入。

为了加强燃气供应的稳定性，特别是在燃气供应突发事件下能保证基本供应量，应规划建设液化天然气储备库和液化石油气储备库，做好燃气供应保障应急准备。由于燃气供应突发事件的不确定性及本市燃气储备量低的限制，本市燃气供应突发事件的防范和应急处置工作十分艰巨。

2 组织领导机构与职责

2.1 市燃气事故应急指挥部及其职责

2.1.1 市燃气事故应急指挥部

在市应急委的领导下，本市设立市燃气事故应急指挥部，负责统一领导、指挥协调全市燃气供应突发事件的预防和处置工作。市燃气事故应急指挥部由 1 名总指挥、2 名副总指挥、1 名执行总指挥兼现场指挥官和成员单位组成。

总指挥由市政府分管副市长担任，主持燃气事故应急指挥部全面工作；1 名副总指挥由协助分管住房建设的市政府副秘书长兼任，负责协助总指挥开展工作；1 名副总指挥由协助分管全市应急工作的市政府副秘书长兼任，负责审查突发事件信息报送工作，协调相关应急资源参与处置工作。执行总指挥兼现场指挥官由市住房建设局主要负责同志担任，履行现场决策、指挥、调度职责。

市燃气事故应急指挥部成员单位由市发改委、市经信委、市财政委、市交通运输委、市公安局、市住房建设局、市气象局、市政府新闻办、市应急办、深圳海事局、市通信管理局、各区政府（新区管委会）、深圳供电局有限公司、深圳市燃气集团股份有限公司、广东大鹏液化天然气有限公司等相关单位组成。

各成员单位须分别指定燃气突发事件应急工作的负责人和联络员。

2.1.2 市燃气事故应急指挥部主要职责

1. 贯彻执行预防和应对燃气供应突发事件的法律、法规、规章和政策，制定预防和应对燃气供应突发事件的政策措施；

2. 统一领导全市燃气供应突发事件的应急处置、组织协调等工作；

3. 负责燃气供应储备应急体系的建设、管理和应急演练工作；

4. 建立燃气监测预警体系，开展燃气供应突发事件的监测预警工作；

5. 启动和终止本预案，协调相关区（新区）、相关部门应急处置机构的关系，指挥应急处置机构成员单位按照各自职责开展应急救援工作；

6. 承办市应急委交办的其他事项。

2.2 市燃气事故应急指挥部办公室及其职责

市燃气事故应急指挥部下设办公室作为常设办事机构，办公室设在市住房建设局，办公室主任由市住房建设局分管燃气的局领导担任，成员由市燃气事故应急指挥部成员单位相关人员组成。

市燃气事故应急指挥部办公室履行以下主要职责：

1. 组织落实市燃气事故应急指挥部的工作部署，传达上级领导的有关要求；

2. 负责燃气供应突发事件信息的接收、核实、处理、传递、通报、报告，执行市燃气事故应急指挥部的指令；

3. 负责及时组织发布或配合上级单位发布关于燃气供应突发事件及其处置情况信息；

4. 负责对燃气供应突发事件应急处置工作进行总结提出改进意见；

5. 负责各燃气经营企业之间以及其他成员单位与燃气企业之间的应急协调工作；

6. 其他与燃气供应突发事件相关的应急管理工作。

2.3 成员单位职责

1. **市发改委**：负责我市燃气气源供应设施的规划及核准，配合研究动用燃气应急储备，协助与上游气源企业和上级能源主管部门协调争取燃气资源应急供应。

2. **市经信委**：负责组织协调应急状态下的电力运行，负责电厂、工商业用户的协调工作。

3. **市财政委**：负责燃气应急储备物资的资金保障。

4. **市交通运输委**：负责在燃气供应突发事件应急处置工作中交通运输保障工作；

5. **市公安局**：负责燃气应急储备设施的保卫、燃气供应突发事件导致的安全保卫、治安秩序和交通疏导、交通管制等工作。

6. **市住房建设局**：负责组织制定（修订）燃气供应突发事件应急预案，燃气应急供应物资、装备的管理和监测；建立健全燃气供应突发事件应急专家库和各单位的联络网络。

7. **市气象局**：负责提供燃气供应突发事件区域附近地区的气象预报和灾害性天气的监测预警工作。

8. **市政府新闻办**：负责指导和协调各区（新区）、部门、企业做好燃气供应突发事件的信息发布和新闻报道，确保信息发布及时准确充分。

9. **市应急办**：协助相关应急资源参与突发事件处置工作，传达并督促有关部门（单位）落实市委、市政府、市应急委有关决定事项和市领导指示和指示。

10. **深圳海事局**：负责深圳市管辖区内水域的通航环境、通航秩序，天然气运输船舶航行安全保障。

11. 市通信管理局：负责为燃气供应突发事件应急指挥系统提供通信保障。

12. 各区政府（新区管委会）：按照属地管理原则，负责协助处置燃气供应突发事件及应急保障工作。

13. 深圳供电局有限公司：在燃气供应突发事件中负责组织实施所辖受影响的电力设备抢修复电，并协助用户做好供电保障工作。

14. 各燃气企业：负责制定本企业燃气供应保障应急预案，执行市人民政府关于应急状态下天然气调拨、运输、供应等方面的指令及在应急状态下的应对措施；加强企业内部治安保卫工作，维护天然气重要设施、重要部位的安全。

2.4 应急专家组及其职责

市燃气事故应急指挥部建立相关专业人员组成的应急供应保障专家库，根据燃气供应突发事件的不同等级召集有关专家组建应急专家组。

应急专家组的主要职责是：

1. 对燃气供应突发事件的发展趋势、处置办法等提出意见和建议，为应急储备调用的决策、指挥提供技术支持。

2. 对燃气供应突发事件可能造成的危害进行预测、评估。

3. 参与燃气供应突发事件应急演练及燃气供应突发事件的调查。

3 运行机制

3.1 预防、监测与预警

3.1.1 预防

1. 各部门、各单位应坚持"预防为主、预防与应急相结合"的原则，将燃气供应突发事件的预防工作贯穿于城市规划、建设、运行、发展等各个环节，统筹兼顾和综合运用各方面的资源和力量，提升城市燃气供应保障能力；

2. 统筹规划应急设施，合理配置应急物资；

3. 切实加强对城市燃气应急储备日常工作的管理，健全燃气安全管理制度，落实安全生产责任制，做到专人负责、分工明确、责任落实；

4. 各燃气企业应按有关法律、法规及本预案的相关要求，做好燃气供应突发事件的应对工作。

3.1.2 监测

在市燃气事故应急指挥部领导下，由市燃气事故应急指挥部办公室牵头，建立政府部门、燃气企业、用户间的信息交流平台，充分利用各种资源优势，搜集、分析各种对燃气供应可能产生不利影响的信息，并相互传递与研究分析。

1. 对燃气应急储备的运营进行监管。

2. 建立燃气供应突发事件信息库，对已发生的各类事件进行记录，将分析和总结的结果存入信息库，并以此为基础不断完善各项安全生产管理制度及应急预案。

3. 加强重大节假日、重要社会活动、灾害性气候和冬季保高峰供应期间的预测预警工作。

4. 燃气企业应建立健全燃气应急供应系统数据库，必要时将重要信息上报至市燃气事故应急指挥部。

3.1.3 预警

1. 预警级别

根据燃气供应突发事件可能造成的危害程度、紧急程度和发展态势，建立燃气供应突发事件四级预警指标体系，预警级别分为一级、二级、三级和四级，分别用红色、橙色、黄色和蓝色标示，一级为最高级别，并分别采用不同预防对策。

（1）蓝色预警（四级）

预计将要发生一般燃气供应突发事件，事件即将临近，事态可能会扩大。

（2）黄色预警（三级）

预计将要发生较大燃气供应突发事件，事件即将临近，事态有扩大的趋势。

（3）橙色预警（二级）

预计将要发生重大燃气供应突发事件，事件即将临近，事态正在逐步扩大。

（4）红色预警（一级）

预计将要发生特别重大燃气供应突发事件，事件即将临近，事态正在蔓延。

2. 预警信息发布内容

预警信息发布的内容应包括：发布机构、发布时间、预警级别、起始时间、可能影响范围、警示事项、事态发展、相关措施和咨询电话等。

3. 预警信息发布范围

预警信息发布的范围包括：可能受影响的单位（企业）与个人，以及其他相关的单位（企业）与个人。

4. 预警信息发布、解除和变更

（1）预警信息发布和解除

①蓝色预警（Ⅳ级）：经市燃气事故应急指挥部办公室主要领导审签后组织对外发布或宣布解除，并及时报市应急办及市燃气事故应急指挥部备案。

②黄色预警（Ⅲ级）：经市燃气事故应急指挥部主要负责人审签后，由市燃气事故应急指挥部办公室通过深圳市突发事件预警信息发布系统和深圳政府在线网站统一组织对外发布或宣布解除，并及时报市应急办备案存档；特殊情况需报市政府审定的，市燃气事故应急指挥部办公室应及时报送市应急办，市应急办核定意见后报由市政府相关领导签发。

③橙色预警（Ⅱ级）：由省级相关应急机构授权相关部门组织对外发布或宣布解除。

④红色预警（Ⅰ级）：由国家相关应急机构授权相关部门组织对外发布或宣布解除。

（2）预警变更

根据本市燃气供应突发事件可能对社会造成影响的严重程度的变化，市燃气事故应急指挥部办公室应适时向市燃气事故应急指挥部提出调整预警级别的建议；市燃气事故应急指挥部依据事态变化情况，适时向上级相关应急机构提出调整橙色、红色预警级别的建议。

5. 预警响应

（1）蓝色预警响应

①进入蓝色预警期后，各相关成员单位及相关燃气企业应做好应急响应，实行 24 小时值班制度，加强信息监控与收集；

②相关燃气企业的应急人员立即与上游燃气企业沟通协商，确保信息的真实性，同时更深入了解事件情况；

③市燃气事故应急指挥部办公室成员单位相关部门做好电厂、工业企业减供或停供的解释和通知。

（2）黄色预警响应

①在蓝色预警响应的基础上，市燃气事故应急指挥部办公室随时掌握情况，及时进行信息报送，并报请市燃气事故应急指挥部启动本预案；

②市燃气事故应急指挥部及时进行研判，如果达到黄色预警，则启动本预案，并部署相关预警响应工作；

③市燃气事故应急指挥部专家组进驻市燃气事故应急指挥部办公室，对事态发展作出判断，并提供决策建议。

（3）橙色预警响应

在黄色预警响应的基础上，由省级相关应急机构统一部署，市相关应急机构积极配合。

（4）红色预警响应

在橙色预警响应的基础上，由国家相关应急机构统一部署，省、市相关应急机构积极配合。

3.2 应急处置

3.2.1 信息报告和共享

1. 信息报告的内容和要求

燃气供应突发事件的信息报告要简明扼要、清晰准确。燃气突发事故的信息报告包括首报、续报和总报。对发生时间、地点和影响比较敏感的事件，可特事特办，不受报送分级的限制。

（1）首报内容：

①事发企业概况：包括事发企业的名称、企业负责人、联系电话、地址等；

②燃气突发事件发生的时间、地点以及事故现场情况；

③初步判定原因、危害程度、影响范围和直接经济损失情况；

④事件发展趋势、初期处置控制措施等信息。

（2）续报内容：应包括事态发展趋势、事故原因、已经造成的损失或准备采取的处置措施。

（3）总报内容：应包括事件处理结果等。

2. 信息报告的时间和程序

燃气企业及相关应急机构接到燃气供应突发事件报告后，应迅速确认事件的性质和等级，根据情况启动相应的预案，并在规定时间内向上级应急指挥机构报告。

（1）一般燃气供应突发事件发生后，30 分钟内将上游燃气供应情况及本市燃气供应情况通过电话、传真方式报告市燃气事故应急指挥部办公室。

（2）较大燃气供应突发事件发生后，燃气企业、有关区政府（新区管委会）、市有关部门（单位）必须在事发后 30 分钟内通过电话向市委、市政府、市燃气事故应急指挥部办公室报告事件简要情况，并通报事件可能涉及的区政府（新区管委会）、市有关部门（单位）；在事发后 1 小时内将突发事件信息书面报告市委、市政府、市燃气事故应急指挥部办公室，通报事件可能涉及的区政府（新区管委会）、市有关部门（单位）。如因特殊情况难以在事发后 1 小时收面报告的，应当在 2 小时之内书面报告事件基本情况和先期处置情况，并注时迟报的原因。事件后续处置情况应及时报告。

3.2.2 应急响应

根据燃气供应突发事件的影响程度，市应急委、市燃气事故应急指挥部按照分级响应的原则，采取或启动相应级别的应急响应。应急响应分为Ⅳ级（一般）、Ⅲ级（较大）、Ⅱ级（重大）、Ⅰ级（特大）。

1. 一般燃气供应突发事件（Ⅳ级）的应急响应

发生一般燃气供应突发事件时，市燃气事故应急指挥部办公室，根据事件类型，迅速组织处置工作，启动应急气源，保障全市基本用户的燃气供应，同时积极与上游气源单位协调，组织气源补充，或组织对停气区域的应急供应，并及时向市燃气事故应急指挥部报告处置进展情况。

2. 较大燃气供应突发事件（Ⅲ级）的应急响应

发生较大燃气供应突发事件时，由市燃气事故应急指挥部负责启动Ⅲ级应急响应，市燃气事故应急指挥部办公室协调相关成员单位及燃气企业组织处置工作。

3. 重大燃气供应突发事件（Ⅱ级）的应急响应

重大燃气供应突发事件（Ⅱ级）应急响应工作由省级相关应急机构负责组织实施。在Ⅲ级响应的基础上，按照属地原则，由市燃气事故应急指挥部负责统一协调深圳市各方面应急资源，积极配合省级相关应急机构做好应急处置工作。

4. 特别重大燃气供应突发事件（Ⅰ级）的应急响应

特别重大事件（Ⅰ级）应急响应工作由国家相关应急机构组织实施，在Ⅱ级响应的基础上，由市燃气事故应急指挥部负责统一协调深圳市各方面应急资源，积极配合国家、省级相关应急机构做好应急处置工作。

3.2.3 指挥协调及处置措施

各级应急响应启动时，按照"统一指挥，分级负责，专业处置"的要求，组织开展应急处置工作。

市燃气事故应急指挥部主要开展以下工作：

1. 组织有关区（新区）、市相关部门（单位）的负责人、应急专家和应急队伍参与事件处置；

2. 协调有关区（新区）、市相关部门（单位）提供人力、物资、装备、技术、通信等应急保障；

3. 制订并组织实施燃气供应应急保障方案；

4. 及时掌握燃气供应突发事件事态进展情况，向市委、市政府报告，将有关信息通报市政府新闻办；

5. 传达并督促有关部门（单位）落实市委、市政府、市应急委有关决定事项和市领导批示和指示。

市应急办主要开展以下工作：

协调相关应急资源参与突发事件处置工作，传达并督促有关部门（单位）落实市委、市政府、市应急委有关决定事项和市领导批示和指示。

事发地的区（新区）应急委在市燃气事故应急指挥部的指挥或指导下，开展以下工作：

1. 根据相关应急预案，采取措施控制事态发展，开展燃气应急供应和事件处置工作，向市委、市政府、市应急委和市燃气事故应急指挥部报告情况；

2. 组织协调有关单位做好人力、物资、装备、技术等应急保障工作，维持交通秩序，维护当地社会稳定；

3. 组织动员、指导和帮助群众开展防灾、减灾和救灾工作。

市有关部门（单位）在市燃气事故应急指挥部的指挥或指导下，开展以下工作：

1. 根据相关应急预案，开展应急事件处置工作，向市燃气突发事件应急指挥部、市应急办报告情况；

2. 派出或协调相关领域的应急专家组参与事件处置工作，提供燃气供应保障方面决策建议。

3.2.4 响应升级

因燃气供应突发事件次生或衍生出其它突发事件，已经采取的应急措施不足以控制事态发展，需由其他专项应急指挥部、多个部门（单位）增援参与应急处置的，市燃气事故应急指挥部应及时报告市应急委。

当燃气供应突发事件造成的危害程度超出本市自身控制能力，需要省或者国家有关部门（单位）、其他省（直辖市、自治区）提供援助和支持的，依据《深圳市突发事件总体应急预案》有关规定，市燃气事故应急指挥部应及时报告市应急委，由市委、市政府报请省委、省政府或党中央、国务院协调相关资源和力量参与事件处置。

3.2.5 社会动员

根据燃气供应突发事件的危险程度、波及范围等情况和应对工作需要，市燃气事故应急指挥部可报请市应急委批准，由市政府发布社会动员令，动员公民、企事业单位、社会团体、基层群众自治组织和其他力量，协助政府相关部门做好燃气供应突发事件后秩序维护、后勤保障处置工作。

3.2.6 信息发布

1. 信息发布的要求：统一快速有序规范。

2. 信息发布的机构：发生一般燃气供应突发事件，由市燃气事故应急指挥部办公室发布；发生较大以上燃气供应突发事件，由市燃气事故应急指挥部按照国家规定的权限在 2 小时内发布事件简要信息，并在 24 小时内发布事件处置情况信息。

3. 信息发布的内容：事件发生的原因、性质、企业财产损失、事件进展、提示公众注意事项、交通管制、燃气停供信息、临时解决措施以及依法应当予以公开的其他信息等。

4. 信息发布的方式：通过新闻发布会、组织媒体报道、接受记者采访、提供新闻稿、官方网站、政务微博、授权新闻单位发布等形式有效及时的发布信息。

法律、行政法规另有规定的，依照其规定办理。

3.2.7 应急结束

1. 当燃气供应突发事件处置工作基本完成，应急响应工作即告结束。

2. 一般和较大燃气供应突发事件，由市燃气事故应急指挥部总指挥根据处置情况，宣布应急响应结束。

3. 重大和特别重大燃气突发事件，按省、国家有关规定执行。

3.3 后期处置

3.3.1 善后处置

应急结束后立即开展善后处置工作，具体包括：全面恢复供气、补贴特殊用户、征用物资补偿、燃气储备库及时补充以及恢复生产等事项。尽快消除燃气供应突发事件产生的影响，妥善处理受影响的工业企业，保障社会安定。

3.3.2 调查评估

发生燃气供应突发事件，应当展调查评估，查明突发事件的发生经过和原因，总结突发事件应急处置工作中的经验教训，制定改进措施，评估事件损失，并制作调查评估报告。

1. 调查机构：一般事件，由区（新区）政府或区（新区）政府授权的有关部门组织事件调查组进行调查；较大事件，由市政府或市政府授权的有关部门组织事件调查组进行调查；重大事件，由省政府或省政府授权的有关部门组织事件调查组进行调查；特别重大事件，由国务院或国务院授权的有关部门组织事件调查组进行调查。

2. 调查要求：查明事件发生的经过、原因及经济损失；认定事件的性质和事件责任；提出对事件责任方的处理建议；总结事件教训，提交事件调查报告。

3. 总结评估报告内容：事件发生的原因和事件性质；事件责任方的认定以及对事件责任方的处理建议；事件防范措施。事件调查报告应当附具有关证据材料。事件调查组成员应当在事件调查报告上签名。

3.3.3 恢复

燃气供应突发事件处置工作结束后，受到突发事件影响的区政府（新区管委会）应结合调查评估情况，组织制定恢复生产计划，及时恢复社会秩序，积极配合燃气企业对减供或停供企业的恢复供气工作。

4 应急保障

4.1 人力资源保障

1. 专业应急处置队伍。主要燃气企业的应急队伍是本市燃气供应突发事件应急处置的专业队伍，承担本行业突发事件应急处置的任务。

2. 燃气供应应急专家库。市燃气事故应急指挥部办公室负责组建燃气供应应急专家库，为处置燃气供应突发事件决策提供技术支持。

4.2 经费保障

1. 与燃气供应突发事件应急处置有关的各项费用，按规定程序纳入年度市、区（新区）财政预算，各级财政的预备费用应当优先保障应对突发事件的需要；

2. 市燃气事故应急指挥部各成员单位应落实燃气应急救援资金保障；

3. 鼓励公民、法人和其他组织为应对突发事件提供资金捐赠和支持；

4.3 储备保障

市相关部门应统筹规划建设全市燃气供应应急储备设施，不断提高燃气供应应急保障能力。

4.4 交通运输保障

由市交通运输委牵头，市公安局交通警察局配合，建立健全应急通行机制，保障紧急情况下应急交通工具的优先安排、优先调度、优先放行，确保运输安全畅通。

4.5 通信和信息保障

市通信管理局和有关企业配合，建立健全应急通信、应急广播电视保障工作体系，完善公用信息网，建立有线和无线相结合、基础电信网络与机动通信系统相配套的应急通信系统，确保应急处置通信畅通。

4.6 气象服务保障

市气象局负责气象服务保障工作，提供天气预报并加强对极端天气和相关自然灾害的监测和预警。根据预防和应对燃气供应突发事件的需要，提供燃气供应突发事件区域附近地区的监测预警服务。

4.7 法制保障

在突发事件发生和延续期间，市政府根据需要依法制定和发布紧急决定和命令。市法制办按照市政府的要求对突发事件应对工作提供法律意见。

4.8 其他应急保障

1. 燃气安全技术保障。市住房建设局应关注国内燃气技术的发展趋势，组织科研单位和燃气企业，对先进技术进行研究，结合本市的实际需要，适时对现有燃气储备设施安全相关的设备、设施进行更新，培养高素质的运行管理人员和应急运行人员，不断提高本市燃气供应突发事件的应急处置能力。

2. 指挥系统技术保障。加强应急指挥体系建设，以建立集通信网络、调度指挥中心、移动指挥平台为一体的通信指挥体系，提高燃气供应突发事件应急指挥系统与专业处置队伍的应急通讯质量。

5 监督管理

5.1 应急演练

1. 由市燃气事故应急指挥部办公室负责，市政府相关部门根据实际工作需要，建立演练制度，定期和不定期的组织燃气供应保障应急演练，做好各部门之间的协调配合及通信联络，确保燃气紧急状态下的有效沟通和统一指挥，通过应急演练，培训应急队伍，改进和完善应急预案。

2. 各燃气企业应根据国家和本市有关应急预案规定，每年至少组织一次演练，不断提高工作人员的运行管理能力。

5.2 宣传教育

由市燃气突发事件应急指挥部办公室牵头，引导各区（新区）有关单位做好燃气供应突发事件的宣传教育工作，不断提高公众的安全意识和自救、互救能力；充分利用广播、电视、互联网、报纸、手机等传播方式，加大对燃气供应应急管理工作的宣传、培训力度。

5.3 培训

市燃气事故应急指挥部各成员单位应针对燃气供应突发事件特点，定期或不定期组织有关人员培训。燃气经营企业应将应急教育培训工作纳入日常管理，定期开展相关培训。

1. 指挥部成员单位工作人员培训

市燃气事故应急指挥部各成员单位领导干部应加强应急培训，提高应急管理意识、应急统筹能力、应急指挥水平。

2. 应急保障队伍人员培训

按照隶属关系和管理责任，由相关部门分别组织培训，提高应急处置技能，提高协同作战的能力。

3. 燃气企业人员的培训

各燃气企业应加强对员工进行上岗前培训，确保从业人员具备必要的安全生产知识，掌握安全生产规章制度和安全操作规程，具备本岗位安全操作技能和处置燃气安全事件的能力；安全管理人员和特种作业人员必须持证上岗。

5.4 责任与奖惩

市燃气事故应急指挥部根据事件调查报告提请市委市政府对处置事件作出贡献的部门（单位）、个人给予表彰和奖励；对在应急处置工作中拒报、迟报、谎报、瞒报和漏报燃气供应突发事件重要情况或者在应急处置工作中有失职、渎职行为的有关单位和责任人，依法、依规给予行政处分；涉嫌犯罪的，移送司法机关依法处理。

5.5 预案实施

本预案自发布之日起施行。

6 附则

6.1 名词术语、缩写语的说明

1. 燃气：本预案指天然气和液化石油气。

2. 城市基本供应量：本预案指居民用户、公建及商业用户、不可中断工业用户的燃气供应量。

3. 燃气企业：本预案指获得本市燃气专营权的本地燃气经营企业。

4. 上游气源单位：本预案指为本市城市燃气提供气源的单位。

5. 燃气储备库：本预案指指液化天然气储备库和液化石油气储备库。

6. 本预案有关数量的表述中"以上"含本数，"以下"不含本数。

6.2 应急储备量的计算

1. 天然气应急储备量的计算

2020 年全市天然气应急储备天数设为 15 天。2015 年预测城市基本供应量为 227.9 万立方米/日，2020 年预测城市基本供应量为 344.6 万立方米/日，取 2020 年预测值，计算总应急储备量为 5175 万立方米。

天然气应急储备量不足 10 天时，应急储备量不足 3450 万立方米。

2. 液化石油气应急储备量的计算

2015 年全市液化石油气应急储备天数设为 15 天。2015 年预测城市基本供应量为 1300 吨／日，2020 年预测城市基本供应量为 1100 吨／日，取 2015 年预测值，计算总应急储备量为 2 万吨。

液化石油气应急储备量不足 7 天时，应急储备量不足 0.9 万吨。

6.3 预案管理

6.3.1 预案的修订

市住房建设局负责建立应急预案评估制度，并根据评估结果进行修订。

发生下列情形时，应当对本预案进行修订：

1. 有关法律、法规、规章、标准、上位预案中的有关规定发生变化的；

2. 应急指挥机构及其职责发生重大调整的；

3. 面临的风险发生重大变化的；

4. 重要应急资源发生重大变化的；

5. 预案中的其他重要信息发生变化的；

6. 在突发事件实际应对和应急演练中发现问题需要作出重大调整的；

7. 应急预案制定单位认为应当修订的其他情况。

6.3.2 预案的评审和备案

1. 评审

本预案经征求相关部门意见和组织专家评审后，送市应急办初审，报市政府审定。

2. 备案

本预案报广东省住房和城乡建设厅备案。

6.4 制定与解释

本预案由深圳市住房和建设局负责解释。

参照本预案，燃气企业应各自制定相应的应急预案。

附件

附件 1　各种规范化格式文本

深圳市燃气供应突发事件快报表

报送单位（盖章）：

事件发生时间：_____ 年 _____ 月 _____ 日 _____ 时 _____ 分

事件发生地点：_____ 区（新区）_____ 路 _____ 号

突发事件类别：□西气东输二线事故　　□大鹏 LNG 事故　　□城市门站故障
　　　　　　　□城市燃气储备库故障　　□高压、次高压管网事故
　　　　　　　□其他（请描述）

事件影响程度：□城市燃气供应影响（_____ 供）　　□用气影响（_____ 户）
　　　　　　　□天然气电厂影响（_____ 户）
　　　　　　　□其他（请描述）

突发事件级别：经初步判定事件为 _____ 级别

突发事件起因、经过、损失和影响：

续表

已采取的措施及效果：

发展趋势及对策建议：

现场联络方式：（一）现场指挥员＿＿＿＿　　联系电话＿＿＿＿

（二）现场联络员＿＿＿＿　　联系电话＿＿＿＿

（三）单位联络员＿＿＿＿　　联系电话＿＿＿＿

经办人：　　　　　　　联系电话：　　　　　　　审核人：

深圳市燃气供应突发事件信息发布审批表

信息标题					
信息发布编号					
信息报送部门		信息员姓名		报送日期	
信息稿件附件		纸质附件 □　　电子稿附件 □　　其他 □			
要求发布日期		年　　月　　日		信息保留时间	
信息发布内容	突发事件类型：_____，发生时间：_____，地点：_____，社会危害：_____，财产损失：_____。 供气影响情况 事件点交通管制情况				

续表

负责人审核意见	审核人：　　　年　　月　　日	
(分管)主管领导审批意见	审批人：　　　年　　月　　日	
信息校对人签名		发布人员签名

附件2　相关机构和人员通讯录

2.1 应急指挥部成员通讯录

2.2 应急指挥部办公室成员通讯录

2.3 应急专家组成员通讯录

序号	专家类别	姓名	工作单位	单位职务	专业职称	办公电话	手机号码	住宅电话	备注
1	燃气				高工				
2	燃气				高工				
3	消防								
4	消防								
5	安全工程								
6	******								

2.4 燃气系统各企业日常应急工作通讯录

附件 3　附表及工作流程图

应急组织架构、现场指挥部设置、现场指挥部部分组、事件信息报送、应急响应工作流程等相关图表。

3. 1 深圳市较大以上燃气供应突发事件应急指挥部组织架构图

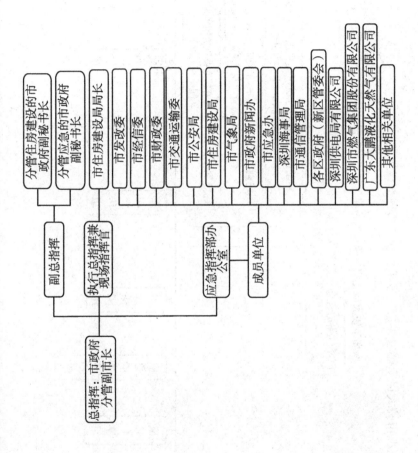

3.2 深圳市较大以上燃气供应突发事件现场指挥部设置图

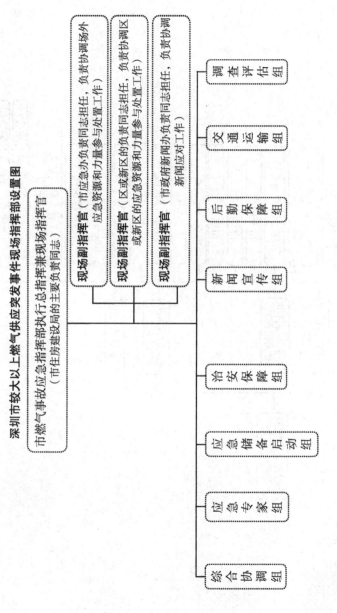

深圳市较大以上燃气供应突发事件现场指挥部设置图

市燃气事故应急指挥部执行总指挥兼现场指挥官（市住房建设局的主要负责同志）

现场副指挥官（市应急办负责同志担任，负责协调场场外应急资源和力量参与处置工作）

现场副指挥官（区或新区的负责同志担任，负责协调区或新区的应急资源和力量参与处置工作）

现场副指挥官（市政府新闻办负责同志担任，负责协调新闻应对工作）

综合协调组　应急专家组　应急储备启动组　治安保障组　新闻宣传组　后勤保障组　交通运输组　调查评估组

3.3 深圳市较大以上燃气供应突发事件现场指挥部分组表

深圳市较大以上燃气供应突发事件现场指挥部分组表

序号	组别	牵头单位	配合单位（人员）	主要职责
1	综合协调组	市住建建设局	市应急办、有关区政府（新区管委会）、涉事单位。	记录燃气供应突发事件的发生、发展及处置情况，及时向上级汇报事件动态，传达上级指示，协助现场指挥官协调各工作组参与处置工作。
2	应急专家组	市住房建设局	市住房建设局选派的应急专家。	分析、研判燃气供应突发事件，为现场指挥官提供技术支持和决策咨询。
3	应急储备启动组	市住房建设局、市发展改革委	市住房建设局、市交通运输委、深圳市燃气集团、广东大鹏液化天然气有限公司，供电、供水、通讯、燃气等企业。	实施燃气应急储备的调动。
4	治安保障组	市公安局	有关区政府（新区管委会），武警深圳市支队。	组织警力对燃气供应突发事件时的应急储备区域实施警戒，实施交通管制，方便应急气源的及时调用。

续表

序号	组别	牵头单位	配合单位（人员）	主要职责
5	新闻宣传组	市政府新闻办	有关区政府（新区管委会）。	统一组织发布燃气供应突发事件信息，客观公布事件进展，政府采取、公共防范措施，并根据事件处置情况做好后续信息发布工作。
6	后勤保障组	属地区政府（新区管委会）	市住建局、市财政委、市交通运输委、市公安局、市通信管理局、涉事单位。	根据燃气供应突发事件处置工作需求，及时提供资金、物资、装备、食品、供气和通信等方面的后勤服务和资源保障。
7	交通运输组	市交通运输委	市公安局交警局、有关区政府（新区管委会），有关运输企业。	组织运送燃气供应突发事件应急时的物资、设备及燃气气源等。
8	调查评估组	市政府或市政府指定的有关部门	市公安局、市住房建设局、市应急办、市民政府、有关区政府（新区管委会）。	及时查明燃气供应突发事件的发生经过和原因，总结事件处置工作的经验教训，制定改进措施，评估事件损失。

3.4 燃气供应突发事件信息报送流程图

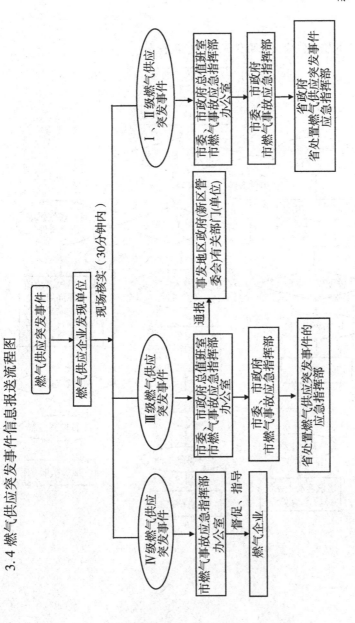

3.5 燃气供应突发事件分级响应流程图

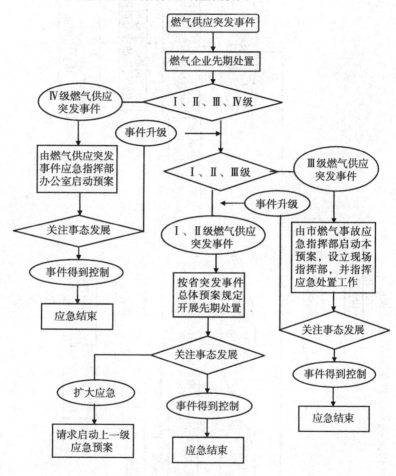

参考文献

［1］吕淼：《天然气储气调峰建设与服务定价研究》，载《城市燃气》2010 年第 7 期。

［2］康永尚等：《中国天然气战略储备的需求和对策》，载《天然气工业》2006 年第 10 期。

［3］张琼、董秀成等：《构建我国天然气战略储备制度的研究》，载《价格理论与实践》2012 年。

［4］王冰：《我国天然气产业发展战略储备体系构建与 LNG 中继站建设》，中国地质大学 2012 年博士毕业论文。

［5］ http：//www. safehoo. com/Manage/Trade/Chemical/201302/304356. shtml，《液化天然气储罐形式与选型》。

［6］中国石油集团经济技术研究院：《2013 年国内外油气行业发展报告》，2014 年 1 月。

［7］张嘉东：《天然气调峰方式工艺研究与工程化设计》，华南理工大学 2013 年硕士毕业论文。

［8］王起京、张余等：《赴美储气库调研及其启示》，载《天然气工业》2006年第8期。

［9］霍瑶、黄伟岗等：《北美天然气储气库建设的经验与启示》，载《天然气工业》2011年第11期。

［10］马胜利、韩飞：《国外天然气储备状况及经验分析》，载《天然气工业》2010年第8期。

［11］徐博：《国外天然气储备建设的经验及对我国的启示》，中国石油经济技术研究院。

［12］Global Legal Group. The International Comparative Legal Guide to：Gas Regulation 2010。

［13］王国樑主编：《天然气定价研究与实践》（第一版），石油工业出版社2007年版。

图书在版编目（CIP）数据

我国天然气储备能力建设政策研究／陈守海，罗彬，
姚珉芳编著.—北京：中国法制出版社，2017.10
　ISBN 978 - 7 - 5093 - 8725 - 2

Ⅰ.①我… Ⅱ.①陈…②罗…③姚… Ⅲ.①天然气
储存 - 研究 - 中国 Ⅳ.①F426.22

中国版本图书馆 CIP 数据核字（2017）第 182961 号

策划／责任编辑　任乐乐（lele_juris@163.com）　　　　封面设计　杨泽江

我国天然气储备能力建设政策研究
WOGUO TIANRANQI CHUBEI NENGLI JIANSHE ZHENGCE YANJIU

编著／陈守海，罗彬，姚珉芳
经销／新华书店
印刷／人民日报印刷厂
开本／850 毫米×1168 毫米　32 开　　　　印张／9.75　字数／155 千
版次／2017 年 11 月第 1 版　　　　　　　2017 年 11 月第 1 次印刷

中国法制出版社出版
书号 ISBN 978 - 7 - 5093 - 8725 - 2　　　　　　　　定价：49.00 元

北京西单横二条 2 号
邮政编码 100031　　　　　　　　　　　　　传真：66031119
网址：http：//www. zgfzs. com　　　　编辑部电话：66071862
市场营销部电话：66033393　　　　　邮购部电话：66033288

（如有印装质量问题，请与本社编务印务管理部联系调换。电话：010 - 66032926）